やすこの顔占い・人相教室

望みが叶うとき希望線が出る
画相で恋人の本心がわかる

今日の話題社

カラー写真で見る「顔占い」の世界

気 色

顔占いでは、どのような場所にどのようなものがあるかで吉凶を判断します。基本的にはツヤがあって綺麗に見えると吉、一見して汚いと凶、となります。

ツヤがあるので吉
→ P21 図版 (2)

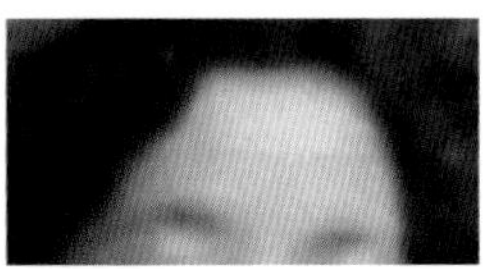

白っぽくツヤがないので凶
→ P21 図版 (3)

気色線

ホホの白い線が気色線です。線の「発・着」の場所や色によって、吉凶を判断します。
左写真の丸の中に見える顔は「画相」です。

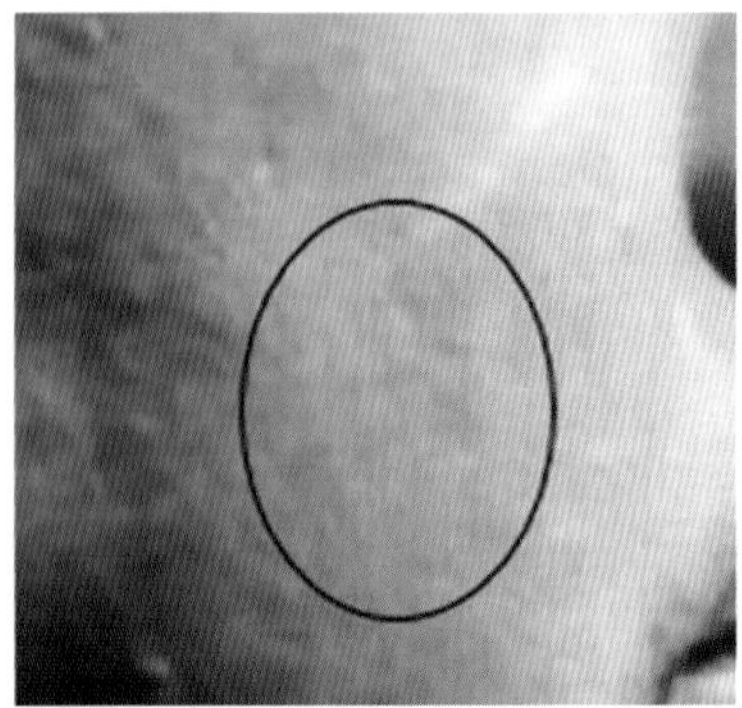

→ P64 図版 (40)

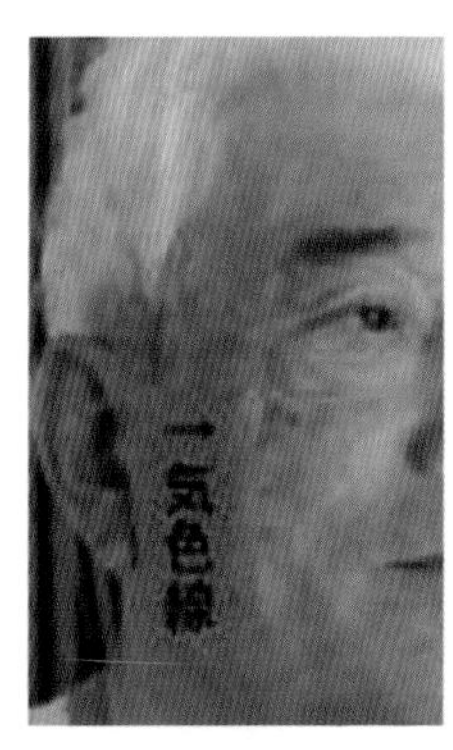

→ P20 図版 (1)

希望線

気色線の一つで、願い事が叶うときに、眉間から上に白っぽい縦線が出るものを「希望線」といいます。

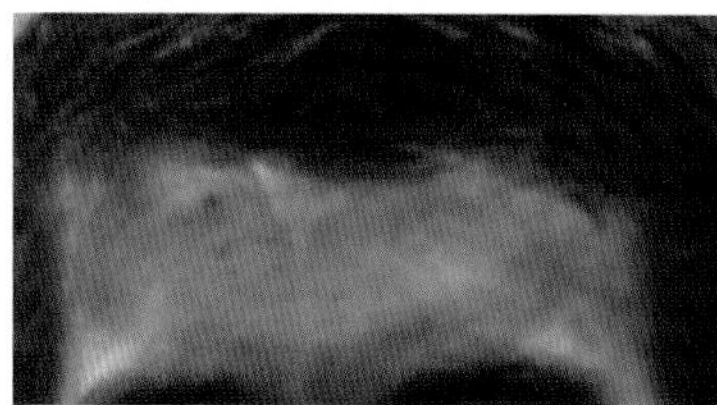

→ P67 図版（42）

画 相

顔の中に、人の顔が見えることを「画相」と呼びます。想念を送っている人の顔が現われて、相手が自分のことをどう思っているか、あるいは未来がどうなっていくかなどを、リアルタイムで予知できます。相手の想念がなくても守護霊が見せてくれることもあります。画相の見方がわかると、何度でも同じように見えるようになります。

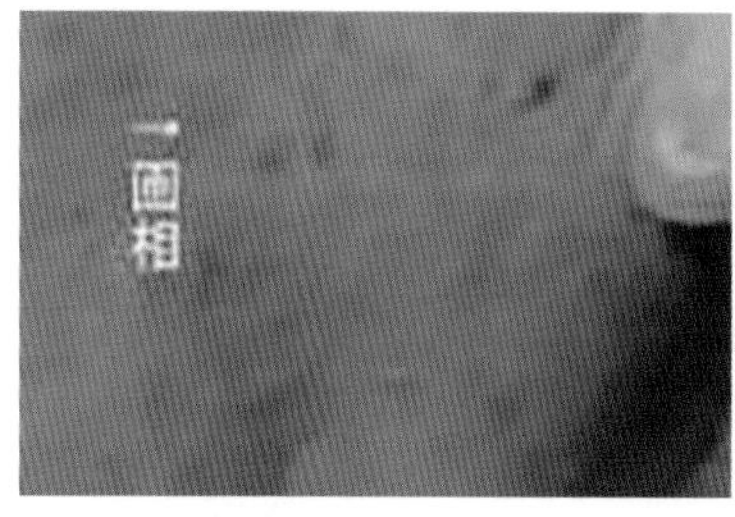

→ P103 図版（64）

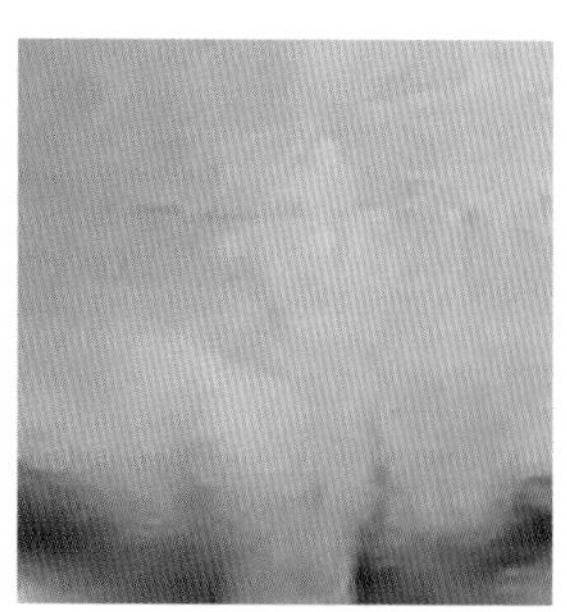

→ P102 図版（63）

災い・トラブル

不幸にも災いやトラブルに遭ってしまう人の顔に、そのサインが現われている例です。
見方を知って、回避に生かしていただきたいと願います。

虐待死した３歳の女の子の目
→ P164 図版 (101)

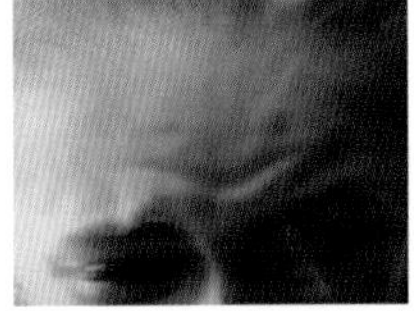

→ P174 図版 (113)

→ P174 図版 (112)

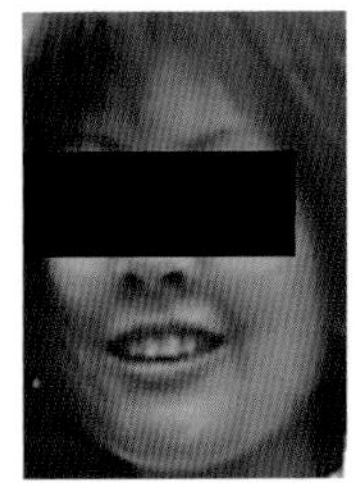

→ P173 図版 (111)

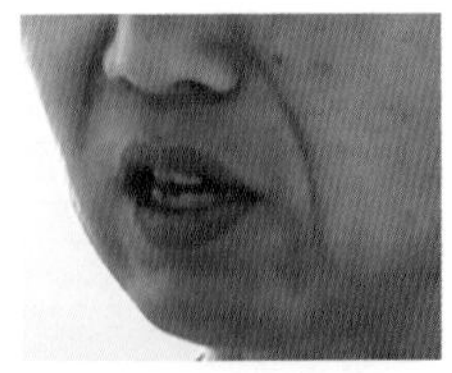

東日本大震災発生直後、テレビに映った方々のアゴには、水難の相が出ていました。
→ P176 図版 (116)

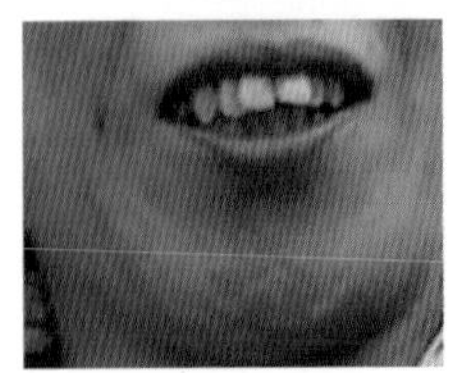

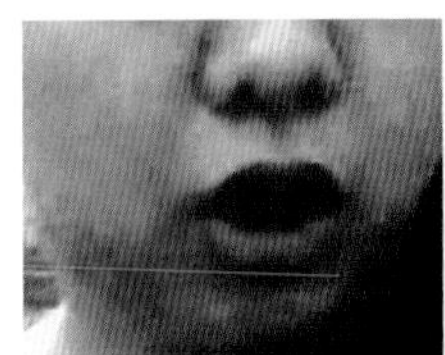

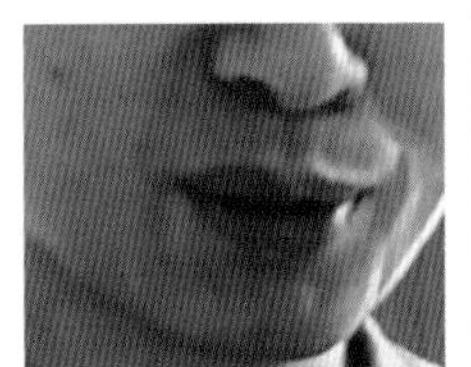

はじめに　――顔占い（人相）とは

顔占い（人相）は、自分の「快」「不快」を眉間等で知るための占いです。あくまでも「快」「不快」についてなので、道徳的なことは関係なく、たとえ悪徳人間であっても、当人の気持ちが快適であるならば「良い相」となり、犯罪で捕まって不快であれば「悪い相」になります。

顔占いの三要素

要素①　顔の形／目や鼻などのパーツ／ホクロ。

顔の中の場所で、どこで何を見るかは決まっています。例えば恋の画相は目尻に出ると決まっていて、アゴの先に出ることはありません。

ホクロは顔の中の信号機です。付け足し程度の扱いです。

要素②　血色／気色・画相（＝気色線が集まって画相になります）／吹き出物やケガなどの赤点。

気色・画相には未来・現在・過去の見方があります。未来がわかるようになれば免許皆伝です。赤点はトラブルの予告です。

要素③　補相

補相とは、目の悪い人がメガネをするように、足りないところを補うことです。顔占いの範囲から外れますが、開運のために必要なので加えました。

なお、この顔占いは、ふつうに元気な人を対象にしています。

私は自分の目で画相を見たとき、感動しました。

それまでは霊とか魂とか、見えないものは信じていませんでした。

人相を勉強して、私が最初に見た画相は、父の歪んだ大きな顔でした。それまで見えないものを信じていなかった私ですが、画相を確認したことで

「魂ってあるんだ」とわかったのです。
このことは、私の人生で一番ためになったことでした。

ちなみに、「人相」と「顔占い」は、呼び方が違うだけで同じことです。
以前、私がホームページを作ったとき、女子高生に『やすこの人相』というのはどうかしら」と相談しましたが、「人相って何?」と聞き返されたのです。そこで「『顔占い』のことよ」と言うと「それならわかる」ということで、顔占いに決めました。

なお、本書では、これまでホームページ上で公開したり人にお教えした中での会話やお手紙、メール等のやり取りを「読者」「質問」等と表示して引用しておりますが、収録にあたって適宜修正させていただいておりますので、ご了承ください。

目次

第3章　金運について……86

第5章　恋愛について　目尻がピンク……………………126

カバーイラスト：アーモンド1000／PIXTA

第1章　顔占いの基本

見方のガイド

この本での見方の前提

絵の説明で「右・左」というのは、すべて「本人の右・左」ということです。

女性は右顔を主に見ます（男性は左）。**この本は女性用です。**

顔の左半分は同性を、右半分は異性を見ることもあります。(1)

(1)
→口絵 p2 参照

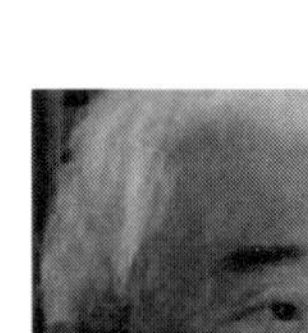

顔の正面と横顔

顔の正面と横顔の境は、眉尻あたりで、上下（額とアゴ）へ縦の線を引いたところです。

正面……女性は右側の顔に日常のことが出ます（男性は左右逆）。

横顔……裏・秘密・吉凶の予兆など。横顔が汚いと後ろ暗い人です。

恋などの秘め事は、女性は左目尻に自分の恋が出て、右目尻に想われが出ます（男性は左右逆）。

吉凶は色で判断

顔占いは「ツヤ占い」でもあります。

簡単な見分け方……ツヤがあって綺麗に見えると吉。一見して汚いと凶。

詳しい見分け方……

・ツヤがある＋紅は嬉しい。黄色は金銭の喜び。白は何事かの吉事。(2)

・ツヤなし＝黒は過失。青は心痛。茶は不快。赤は立腹（トラブル）。(3)

・白くも黒くもない気色線は業務連絡のようなものです。

・稀に、一本の気色線の途中から色が変わることがありますが、着側の色で判断します。

(2)
ツヤがあるので吉
→口絵 p2 参照

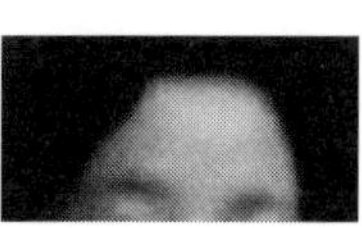

(3)
白っぽくツヤがないので凶
→口絵 p2 参照

顔占いの判断の仕方

場所の意味と気色、画相（赤点）などを関連付けて判断します。例えば、鼻に赤点ができたとすれば、鼻＝財布。赤点＝トラブル。答え＝思いがけない出費です。

気色・画相が見えやすい条件

気色や画相を見るのには、満ち潮が向いていて、はっきり見えます。逆に、引き潮は見えにくくなります。

テレビの中の人物の顔を見るときは、顔が動いた瞬間や、うつむいたときに、気色血色が分かりやすいです。

太陽とか電灯の光が顔に当たると見えにくくなるので、直接当たらないよう気を付けます。電灯をつけなくてもふつうに新聞が読めるくらいの明るさがよいでしょう。昼間の北向きの窓から入る光がちょうどよい感じです。

部位早わかり

顔占いをするにあたり、実際には名称はどうでもいいことです。名称を覚えることより、「どこは、どういう意味があるか」「その場所が綺麗か汚いか」を大切にしてください。

先人たちは一つの場所を重層的にパターン化して十三部位とか十二宮という方法で、一つの場所に複数の呼び名を遺しました。ですから、一つの場所にいろいろな名前が重なるところは大事な場所と言えます。

顔占いは「ツヤ占い」ですから、判断の吉凶は、ツヤがあると吉、汚いと凶となります。

例えば、恋の画相は目尻に出ると決まっていて、アゴの先に出ることはありません。

吹き出物はトラブルの予告ですが、出た場所によって意味があります。
以下、場所（部位）の意味を、いろいろな角度からご説明していきます。

1 どこで何を見るか早見表
2 十三部位——生え際からアゴの先まで一生の運の流れ
3 十二宮——大切な見所が十二箇所あるという思想
4 よくつかう部位の意味
5 性格の見方ほか
6 小人形法（男性用）と逆小人形法（女性用）
7 積極的な人の相

1 どこで何を見るか早見表（図の中で塗っている箇所）

㋐守護霊・墓

生え際がきれいなのが一番です (4)

㋑未来・希望

運の見どころ (5)

㋒恋愛・男女

熱愛　悲恋　本心がわかります (6)

(4)

(5)

(6)

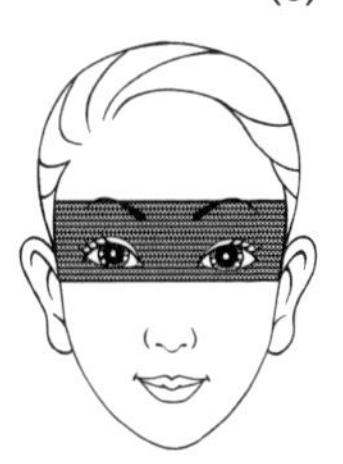

㊓親と子
額（親） 目の下と人中（子ども）(7)

㊔お金
眉尻（大金）、鼻（財布）(8)

㊕仕事運
幸運（額）、努力（法令）(9)

㊖夫婦円満
心（眉）も体（両目の間）も仲良し(10)

(7)

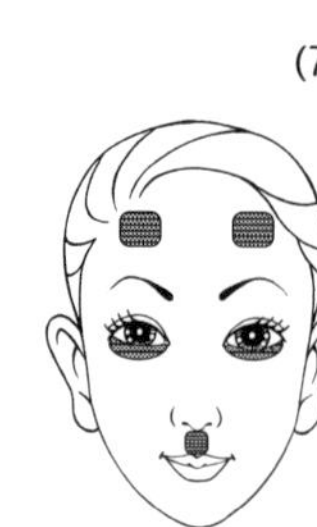

(8)

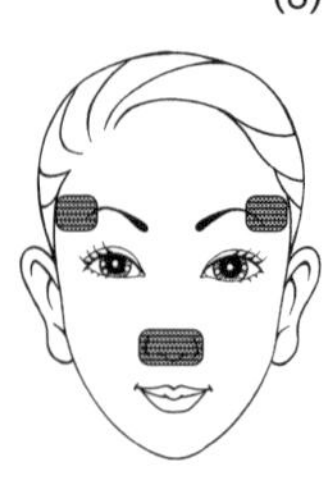

(9)

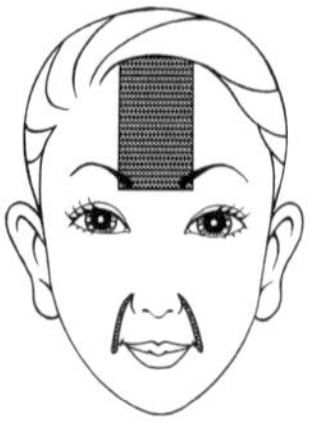

(10)

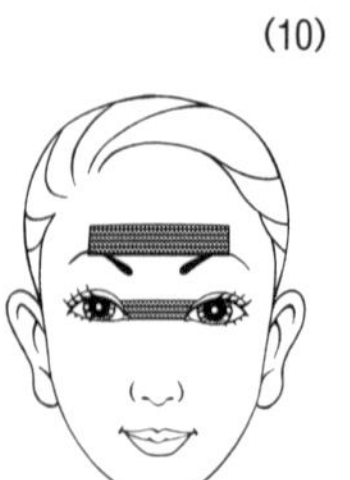

㋗旅行線
ホームページで検索が多い旅行線 (11)

㋘世間の人気
耳のふちまで綺麗 (12)

㋙上司や部下の人気
上司（額）　法令の外（部下） (13)

(11)

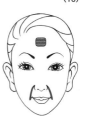

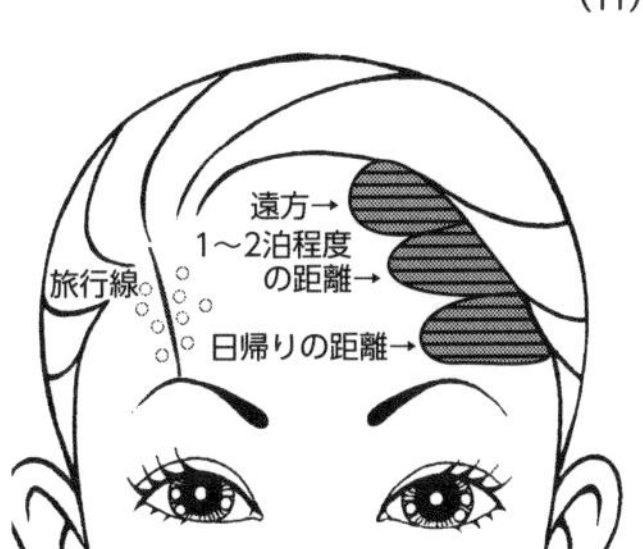

(12)

(13)

㋚快適な日々

快適(14)

㋛東北大震災直後

こんなアゴが増えたら急ごう逃げ支度(15)

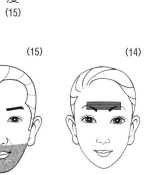

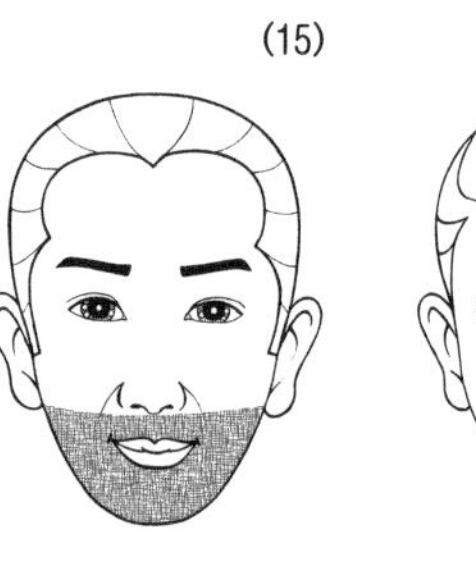

汚い色

2 十三部位——生え際からアゴの先まで一生の運の流れ(16)

生え際から下のアゴ先までの十三の場所で、一生の運の流れを予想します。

印堂から天中の生え際までを、眉間の幅で正中線と言います。

正中線内は本格的な運や希望線が出るところですから、大事な場所です。

会社の業績や個人の運を、半年先まで予想できます。
天中＝半年先、眉間＝現在の運です。

(16)

天中
天庭
司空
中正
印堂

山根
年上
寿上
準頭
人中

口は水星

承奨
地閣

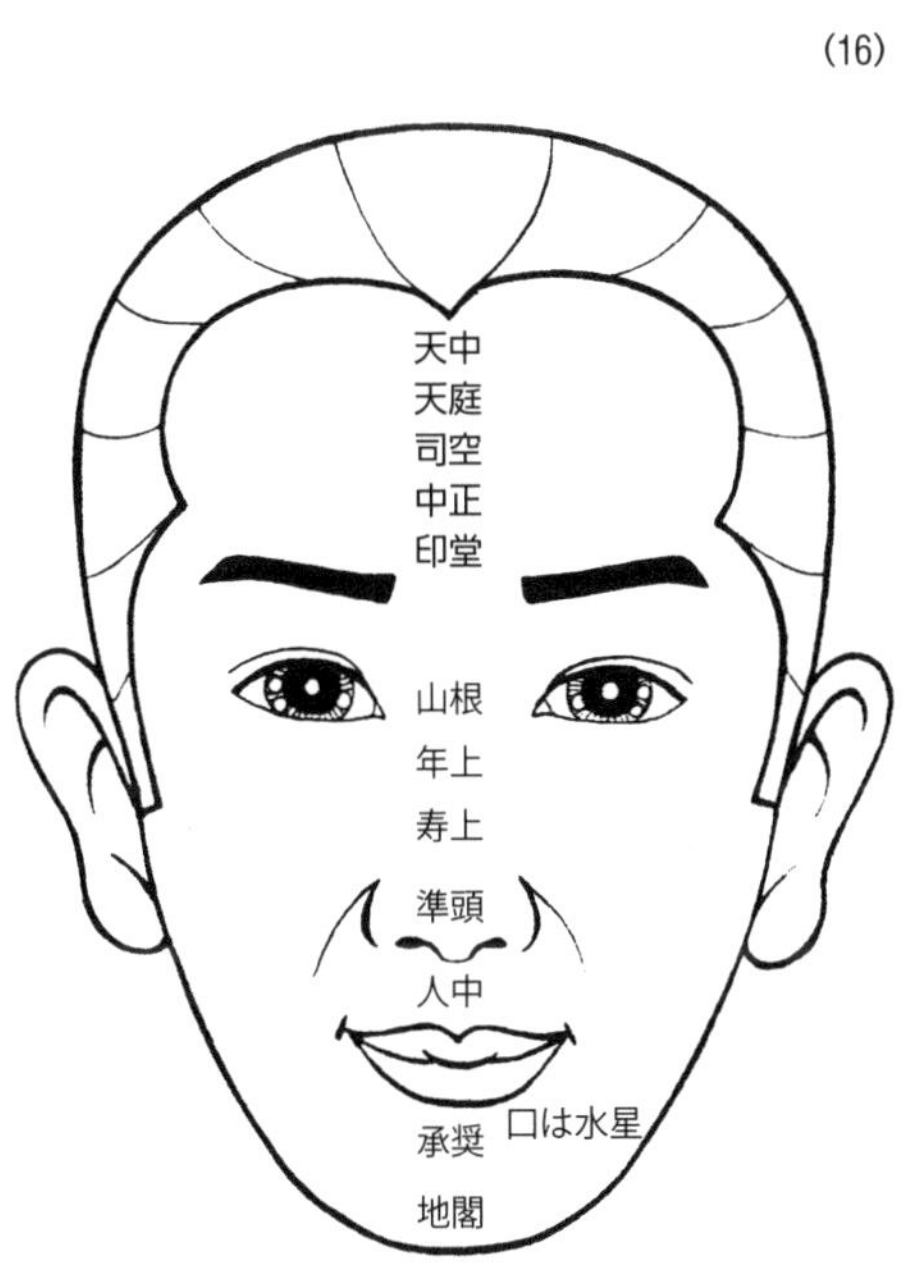

■額――半年先の運勢を予知する場所

①天中（六か月先のこと）

②天庭（四、五か月先のこと）

天中・天庭は、霊の場所。天からのメッセージが出る場所。
自分で考えてもいないことが予告されます。
何かを決断した時、ここが黒いと大凶の結果になります。

③司空（三か月先のこと）

④中正（一、二か月先のこと）

司空と中正で「官禄宮」です。官＝仕事、禄＝収入のことです。
地位や出世、目先の業績の吉凶を見ていきます。
その他、大きな争いごと、訴訟の勝敗など。

⑤印堂（現在のこと）
眉間のことで、その日の快不快が色で出ます。
印堂はハンコを押すと決定、ということで印堂と言います。
印堂に気色が入らないと、何事も実現しません。

■鼻先を中心とした中年運

⑥山根
山根は印堂の根、また鼻のスタートの場所です。
家庭や学校など、身近な場での快・不快が出ます。

⑦年上
プライドが表われます。鼻骨のある部分です。
いじめられていたり、悩みを抱えていると茶色になります。

⑧寿上（じゅじょう）

一年間の運勢を見ます。

年上と合わせて「時運宮」と言います。

新型コロナで都知事の時運宮は黒くなりました。

⑨準頭（じゅんとう）

鼻の先。自分代表の場所。お金の入り口。

また、男性器の先・子宮の入り口でもあります。

■口を中心とした晩年運

⑩人中（にんちゅう）

鼻の下の縦筋。健康とか金運の状態が出ます。

女性器の状態と子供運が、はっきりと表われます。

⑪水星（すいせい）

口のこと。食欲、性欲、意志力を見ます。

誠実な人は自然な口の動き方ですが、心に毒がある人はものを言うとき口が歪みます。話をするとき下の歯しか見えない人は腹に一物あります（演説する人に多い）。

⑫承漿（しょうじょう）

口の下のこと。ここに出る吹き出物は、飲み薬の害や食あたりです。

⑬地閣（ちかく）

アゴの部分。下墓とも言います。足もとに関すること、移動についてのことが赤とか茶とかの色で出ます。

また、晩年運が出ます。

3 十二宮──大切な見所が十二箇所あるという思想 (17)

顔占いでは、顔の中の場所で、どこで何を見るかが決まっています。

進路や目上のことは額で、恋は目の周囲で、財布のことは鼻で、それぞれ見ます。

顔を十二の場所（宮〔きゅう〕）に分けて見る「十二宮」という方法があります。

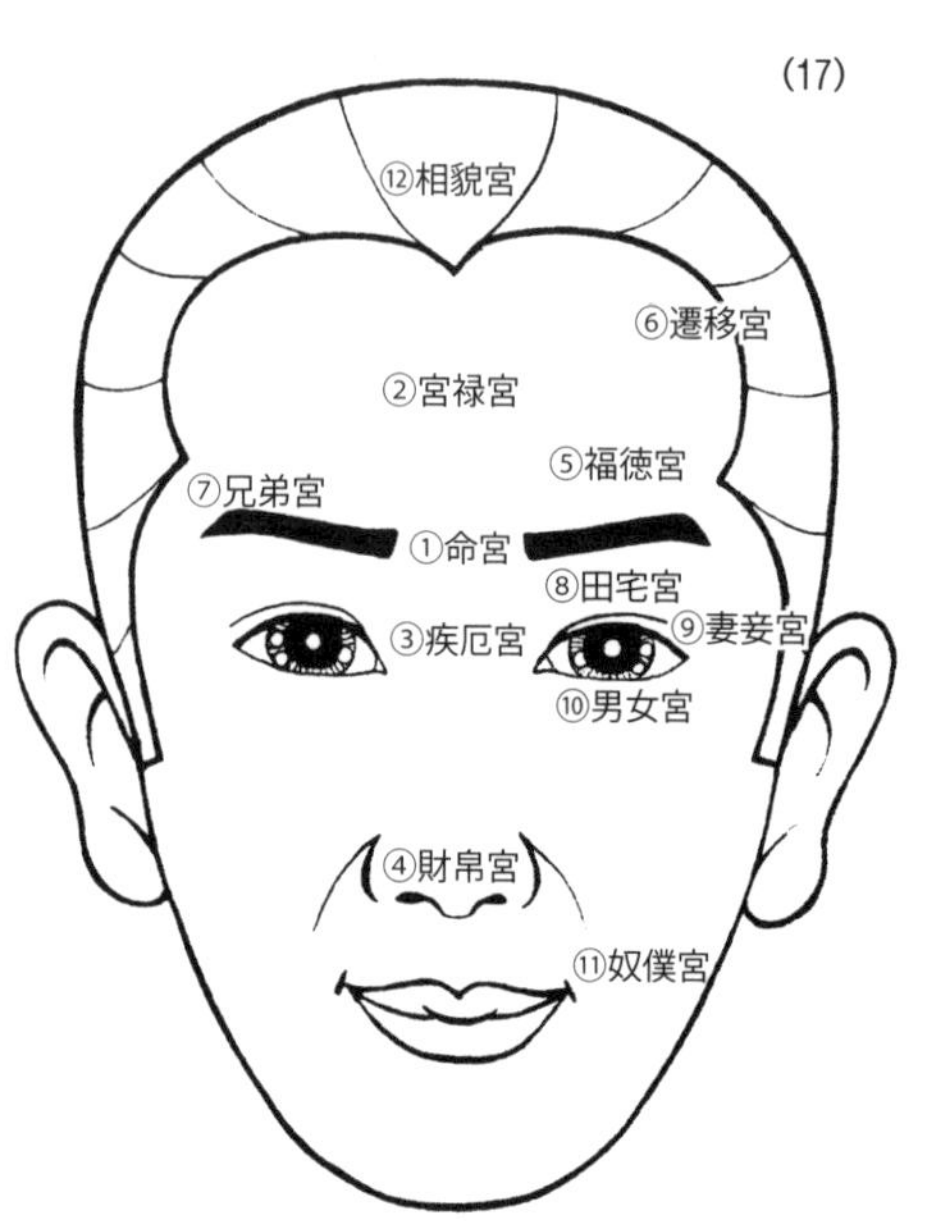

①命宮（めいきゅう）＝眉間＝印堂(18)

快不快の気分がここに出ます。自分の希望することや当日の状態、一日の運勢が表われます。眉間がピカピカ光っているとよいです。

観相上の第一の急所です。

ここは生命力の場所です。昔はこの場所で死相を見ていました。前頁にあるように、1番、命の宮と書いて命宮。その下は3番、病気の宮と書いて疾厄宮です。縦に黒い筋が出ると昔は死相でした。私の義父が入院したとき、医師はご家族の方はお集まりくださいと告げました。私はそのとき黒い筋を見ました。でも先生のお蔭で助かりました。

命宮の場所は、人間に限らず、命の急所です。この急所の中に希望線があると「叶いそうで叶わず」難儀なときです。希望線が眉間から上へ出ると、具体化できて楽になります。

また、眉間は自分の内と外の環境の境目です。

眉間は門です。

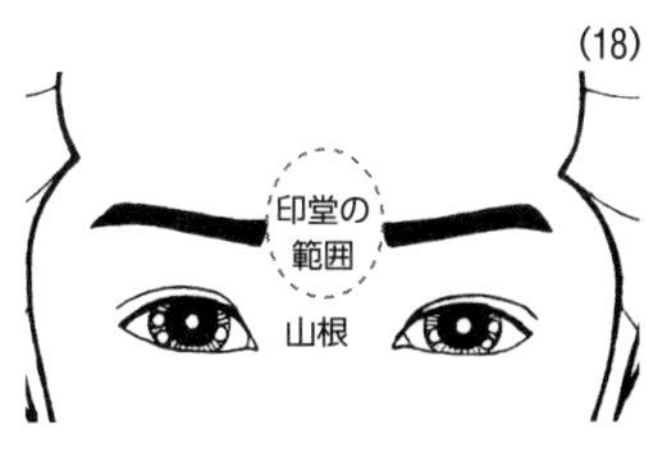

目から上が目上、目から下が目下です。

目上の範囲は、役所、自分がお世話になる人、兄弟姉妹、子の配偶者の親。

使用人であっても、その人がいないとなりたたないほど重要な人のことです。

人相は自分の快・不快を見る占いですから、兄弟は他人扱いです。

眉のへの字の角のところは眉間に次ぐ第二の門です。

私の妹の画相が私の右の眉（への字）に出たこともあります。

②官禄宮（かんろくきゅう）＝おでこ　司空＋中正＝官禄

額の真中です。俗に言う、おでこの部分です。上位にあるものとの関係もここに出ます。官禄には、仕事の吉凶の色が出てきます。

官禄が、発達している人は、小才がきくと言われています。

範囲は　司空＋中正＝官禄　仕事と上司（官）　収入（禄）

③疾厄宮（しつやくきゅう）＝山根（＝志の宮とも言う）目頭と目頭の間

疾厄宮は、病のことが出やすい個所です。現在の状況も、この箇所に出てきます。色と艶で見てみましょう。

自分は幸せと思っている人は、命宮と疾厄宮の間がきれいです。

④財帛宮（ざいはくきゅう）　準頭＋小鼻＝財帛宮 (19)

金運を見ます。行動力なども示しています。

美しく輝いていると、金運好調です。赤黒い血の色は破財、黒色は事が破れてしまった後の色です。

鼻全体も財ですがその場合は自分自身という意味が強くなります

⑤福徳宮（ふくとくきゅう）＝眉の上

金運の巡りや天の加護を見る場所です。

眉の上から日月や山林まで広く取る場合もあります。

福堂＋交友＋天倉　＝　福徳宮

(19)

⑥遷移宮（せんいきゅう）＝横の生え際　辺地（遠方）から駅馬（日帰り）を含みます(20)

眉をへの字とすると、への字の角（交友）～眉尻と駅場を含む場所から額の角にかけてを遷移宮と言います。

ここでは移り変わりのことを見ます。転宅、移転や移動、転任、旅行、貿易など遠地との交渉（依頼）のことがわかります。

遷移宮が明潤で、きれいであれば、旅行や移転などにはもってこいです。

辺地＋駅馬＝遷移宮＝移り変わる運の意味。

ご近所はアゴに出るので遷移宮で見ません。

⑦兄弟宮（きょうだいきゅう）＝眉

両方の眉付近の事。兄弟、友人、親戚、性格、などを見るところです。

眉の中につむじがあるとケンカしやすい人。気が荒いです。

範囲は、眉の上に小指を一本並べた範囲＋眉＝兄弟宮。

(20)

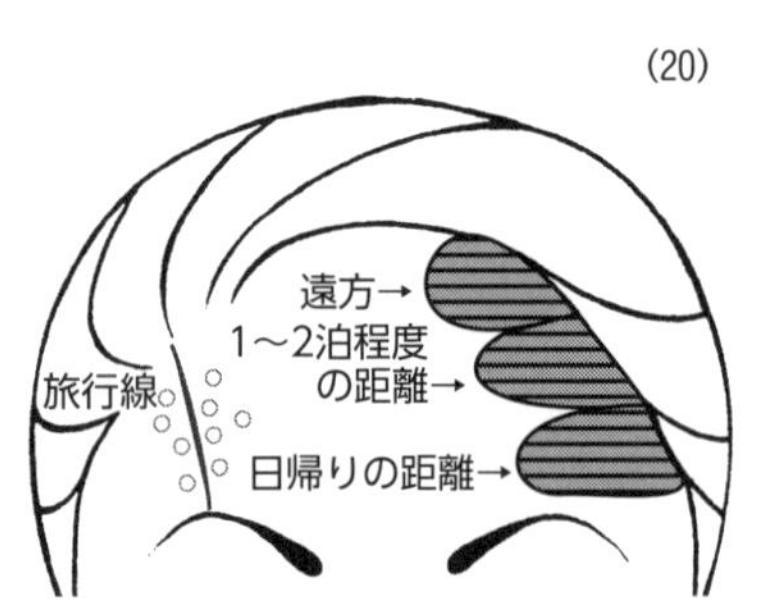

⑧田宅宮（でんたくきゅう）＝家継宮　上まぶた

親の遺産や人からの恩恵を受けられるかどうか、不動産との関わりを見る場所です。離婚で財産分与を求めて叶うときとか、遺産相続するときは、気色線が田宅を通ります。

男性の場合、上まぶたに男性の性欲が出ることがあります。性行為に夢中になっていると、この上まぶた全体が柿色になります。

⑨妻妾宮（さいしょうきゅう）＝目尻　魚尾＋奸門＝妻妾宮 (21)

夫婦関係や恋人、浮気、相手や自分の気持ちなどがでます。

妻妾宮が陥没したり、凸みすぎていると、結婚が遅れたり、何回も結婚をしたり、浮気をする人だと言われています。

妻妾宮の色が悪かったり、黒い気色が出ている人は相手との喧嘩や別れを示しています。

(21)

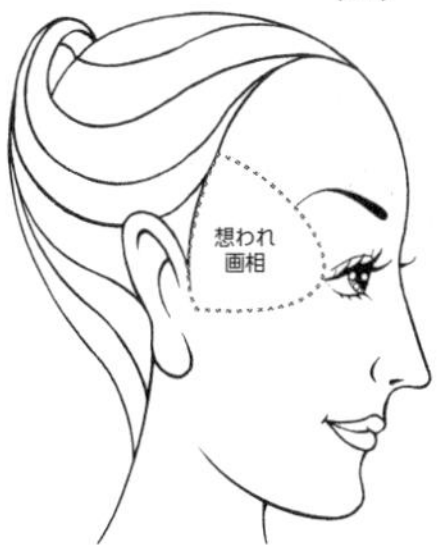

想われ画相

社会の拘束がなくなると、女性も男性と似たような行動をとります。

⑩男女宮（だんじょきゅう）＝下まぶた(22)

目のすぐ下で骨のない部分です。別名ホルモンタンク。精力などを示します。臥蚕は、妊娠三ヶ月位になるとふくらみます。臥蚕（下まつげが生えているところ）＋涙堂（おさえて骨のないところ）で男女宮と言います。

⑪奴僕宮（どぼくきゅう）＝口の横(23)

使用人、従業員の状態が出ます。人情のある人はふっくらしています。顔のなかで仁徳を見る場所はここだけ。膨らんでいると、人様の役に立ちたい人です。

範囲は、口を閉じて舌を左右に動かすと口の横が膨らみますが、そのあたりです。

(22)

臥蚕　涙堂

(23)

奴僕

⑫相貌宮（そうぼうきゅう）＝顔全体

顔全体の相のことです。最初に顔全体をパッと見て、命宮、官禄宮……と順に見ていき、最後にもう一度、顔全体を見ます。

4 よく使う部位の意味 [24] [25]

顔占いでよく使われる場所やポイントについて、挙げていきます。図の顔の中に場所の名前がありますが、同じ名前が右と左にあると思ってください。

[24]

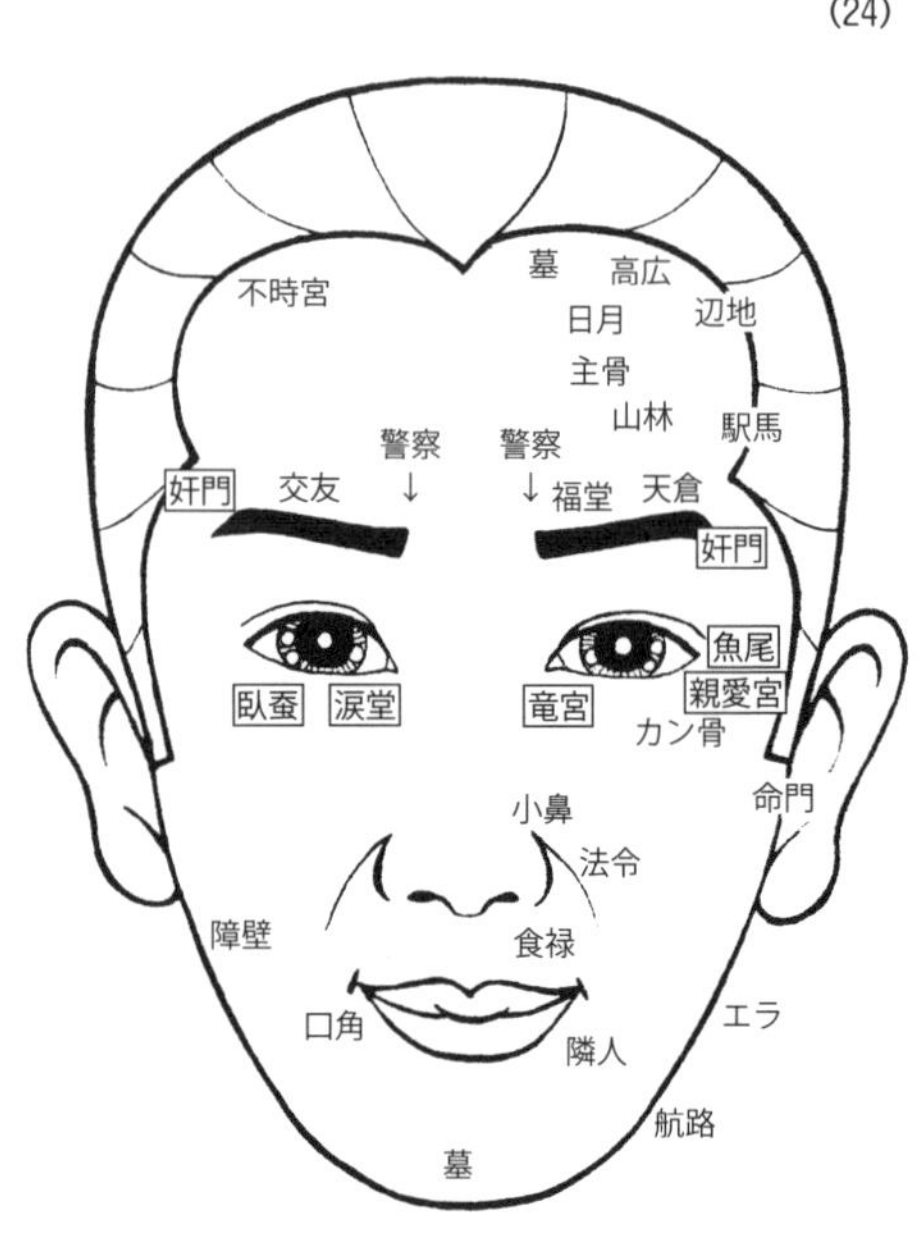

図中、枠線で囲んだものは恋を見るときに使います。

生え際の墓（はか）——先祖霊のことが出ます。額にある墓なので、上墓とも言います。生え際には天の加護が出ます。

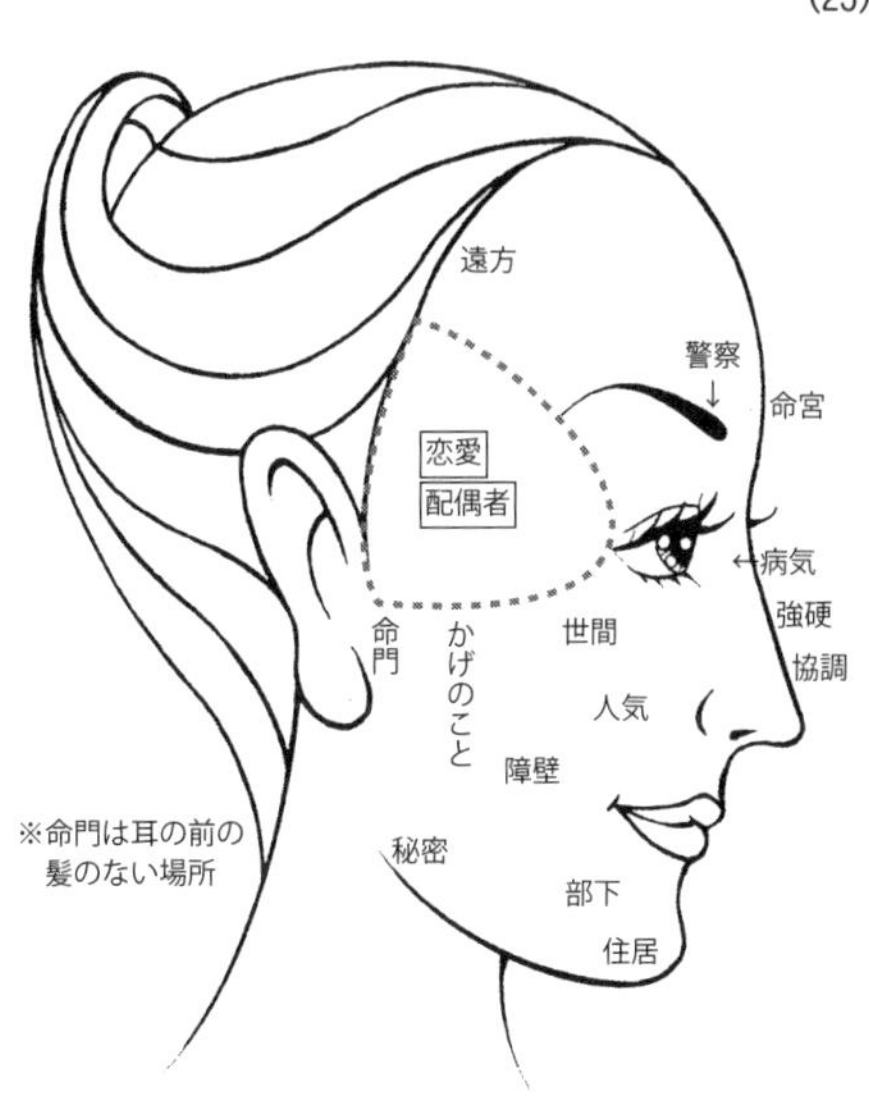

アゴの墓――自分のしたことの決算の可否が出ます。下墓とも言います。居場所とか健康状態が出ます。(26)

横生え際の高広＋辺地＋駅馬＝遷移宮（変化、遠方の意味）。

高広（こうこう）＝不時宮――生え際で、墓と辺地の間です。

女性の日常は右顔の不時宮を見ますが、突然誰かが訪ねて来たり、騙すつもりの悪人の画相が出たりします。気色線や画相が出やすいところです。女性が転職思案中の時は左の不時宮をご覧ください（↓79頁、転職と希望線）。

辺地（へんち）――遠い地方のことです。ここの骨が張っていると、各地を飛びまわる事があります。セールス向きです。

日月（にちげつ）――日角・月角と言われる部分。父母への自分の思いが出ます。父母と

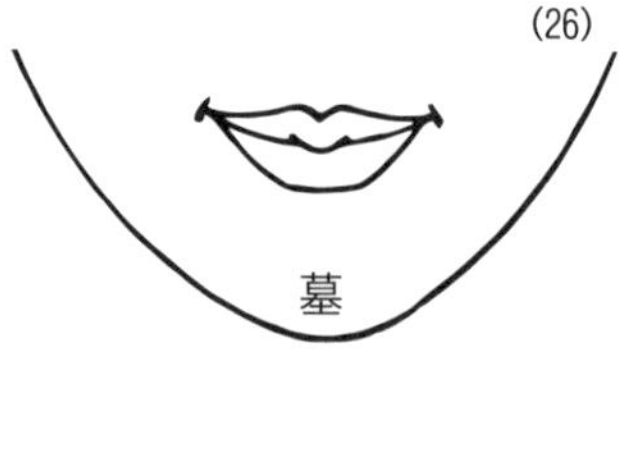

(26)

墓

もにいないとき主骨に含めます。

主骨（しゅこつ）――目上の事や頭を守る役割をしている骨です。主骨の部分が肉薄く張り出ていると、喧嘩しやすい性格か境遇。

主骨がカブトの役目をして進みます。頭進という言葉があります。動物は頭から進みます。

山林（さんりん）――「おじいさんは山へ芝刈りに」で始まる昔ばなしがあるように、昔は山が仕事場でした。仕事したのを駅馬（近くの場所）に運んでいました。ですから、現場仕事でしょう。人相の流派によっては山林が無いものもあります。

駅馬（えきば）――近くの土地の事。日帰り程度の旅行運なども出ます。

玄武（げんぶ）――駅馬のそばに下の写真のようにくの字型に髪の毛があればそれを玄武と言います。男性に多いです。行動力があります。(27)

福堂（ふくどう）――眉頭。交際運と心の喜び。福堂はお金よりも心の方に重心を置いて考えた方がよいでしょう。

交友（こうゆう）――眉の上部で眉に沿って眉頭から三分の二の範囲。知人や友人の動向。交友関係で争いがあるか恩恵があるかを見ます。(28)

天倉（てんそう）――眉尻。大きな金運。眉尻の財の場所が凹んでいると、貯金ナシ。財が出来てくると凸んできます。計算という場所でもあり、ここが発達していると数字に強いです。

奸門（かんもん）――恋の入口（門）。(29) 恋の画相は奸門からカン骨の外側へと、上から

(27)

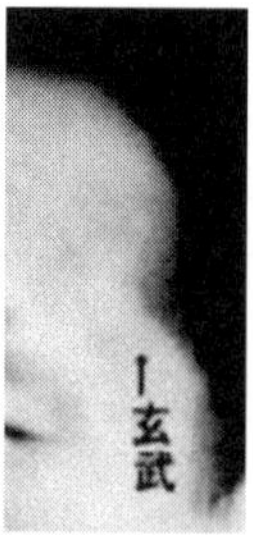

玄武

(28)

計算
交友
感情

下へ移動する傾向があります。人差し指を横に当てたくらいの幅です。江戸時代、男女のことはご法度で目上の許可が要りました。それで、邪の意味がある奸の字を使うようになりました。奸門を現代流に言い換えると「恋門」ということです。

魚尾（ぎょび）――恋愛運を見る場所です。ここの場所がふくらみが過ぎたり、凹んでいると、結婚が遅れたり、家庭運に恵まれません。ですが、夫婦が仕事などで離れて暮らす場合はいいです。

目の形が魚に似ているので、目尻のシワをひらひら動く尾に見立てて魚尾と呼びます。(30)

「奸門」と「魚尾」は具体的には一体のものです。ただ、恋の初期（奸門）か中期（魚尾）かという違いがあります。

親愛宮（しんあいきゅう）――目尻の下、カン骨の上部。友達以上恋人未満が出ます。

(29)

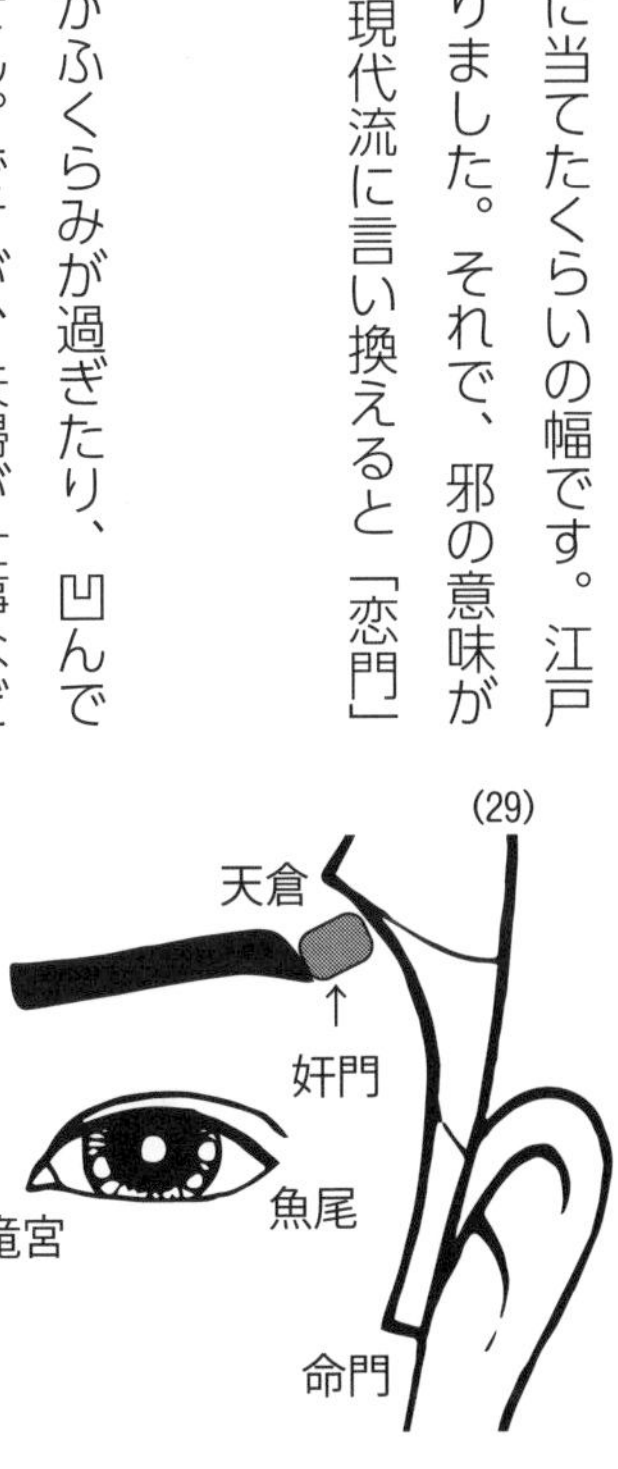

天倉
奸門
魚尾
竜宮
命門

(30)

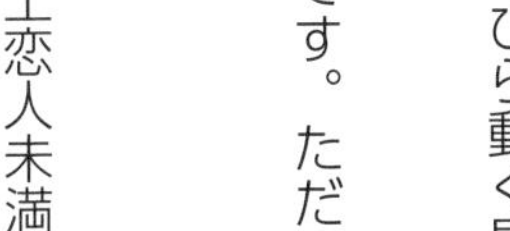

尾
目頭
魚尾

臥蚕（がさん）――下まつげの生えているところ。妊娠も見ます。(22)

涙堂（るいどう）――別名ホルモンタンク。表現力、おしゃべりや子供運を示します。膨らんでいるとおしゃべりです。健康状態などもここで見ます。(22)

竜宮（りゅうきゅう）――目頭あたりの部分です。特定相手との性生活が表われます。

命門（めいもん）――耳のすぐ前の毛のない部分です。(31)

横顔の中心なので陰のこと。親戚同然の影の愛人、親戚のことが出やすいです。命の門ですから老人になるとここに縦しわが出ます。

余談ですが命門の横幅が普通の人と広い人がいます。普通の人は向学心が学校の勉強だけでおしまいです。広い人は決められた学校の勉強以外への好奇心が旺盛で高齢になっても自分の好きなことを追いかけて楽しんでいます。

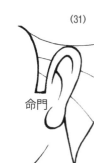

(22 再掲)

臥蚕　涙堂

(31)

命門

カン骨（こつ）――頬骨のこと。世間に対して自分を押し出そうとします。また体力、持久力も表われます。

障壁（しょうへき）――世間と自分自身の境目。(32) 世間の評判などを見ます。奥歯のあたりです。

障壁にシミができている人が時々いますが、世間からひどい目にあった人です。

この障壁の文字の字あたりは泥棒に狙われていると色が汚くなります。

障壁から耳よりに影があれば、陰でこそこそ企んだり相談しているとき画相として出ます。国会の証人喚問の証人など、画相がいっぱいです。

エラ（骨）――鰓骨とも言います。エラのところで、秘密の有無、その状況を見ます。鰓骨が張っていると闘争力抜群です。

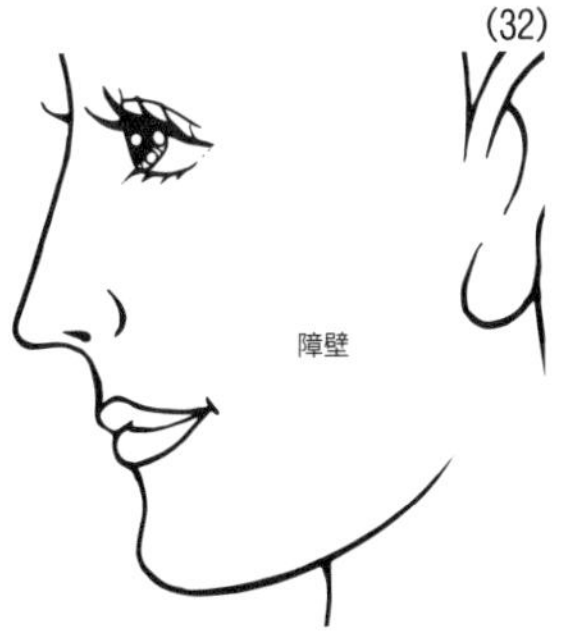

(32)

障壁

航路（こうろ）――アゴの裏側に続く部分の名称で、表から裏に（裏から表に）至る道を示します。(33)
顔相で見るのはアゴの表の部分までで、のど側に隠れる部分は、他所とか範囲外の意味。海外という意味もあります。

鼻筋の見方

- 鼻筋の凹み＝協調。
- 鼻筋の凸み＝強硬。

鼻を真横から見て鼻筋の中ほどの骨が盛り上がっている人がいます。この骨が高くなっているところを強硬といいます。ごり押ししてでも着々と成果をあげないと気がすみません。人生の波乱を自ら招きます。

山根（さんこん）――目と目の間を山根、または疾厄宮と言います。肉体関係を見る場所です。左右の目頭を結ぶ気色線があると、性交後数時間以内です。

(33)

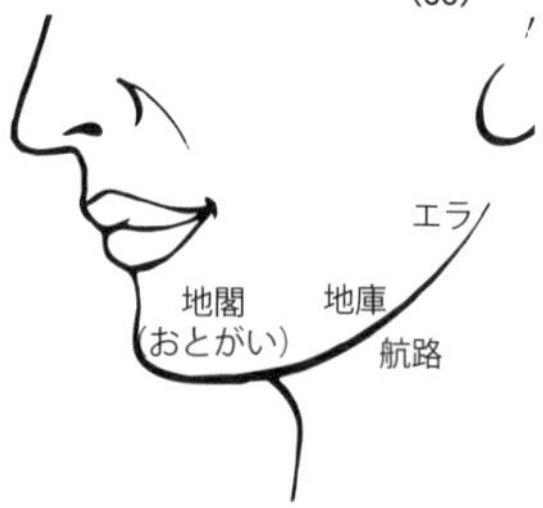

また、病のことが出やすい個所です（色ツヤで見ます）。昔は病人がここから眉間にかけて黒くなると死相(34)でしたが、今は助かることも多いです。

小鼻——財布。白く輝く美色が良いのです。赤ければ金欠、肉厚は金運あり。やせ肉は貧乏中です。準頭を補佐しています。

法令（ほうれい）——別名、縄張り線。自分の仕事や務めに対する気分が色で出ます。自分を守ることができる線。ここがしっかりしていると頑張る人。顔全体の色が悪くても法令の色が光っていると盛運と判断します。

食禄（しょくろく）——鼻の下から唇までの場所です。台所（家庭内）の意味です。

隣人（りんじん）——下唇の少し斜め下の隣人に、画相があることがあります。隣人の画相は、隣家の人であったり会社で隣りの机の人だったりします。(35)

(34)

この絵は死相

(35)

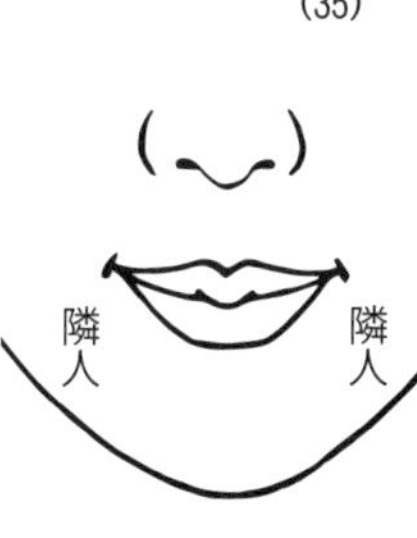

5 性格の見方ほか

その人の特徴で性格を知るポイントをいくつか挙げておきます。

初対面のとき相手の顔のなかでもっとも目についた部分は何ですか？

一番はじめに目についた部分が、その人を表しています。

例えば、このように見ます。(36)(37)

①目がピカピカしている↓頭が冴えています

②横顔から見る口が、鳥のクチバシのように出ている↓でしゃばり屋さん

③法令が目立つ↓しっかりした人

④額が一番目立つ人↓「知・情・意」の三区分のうち「知」が発達していて、

頭を使う仕事、芸術の仕事に向いています

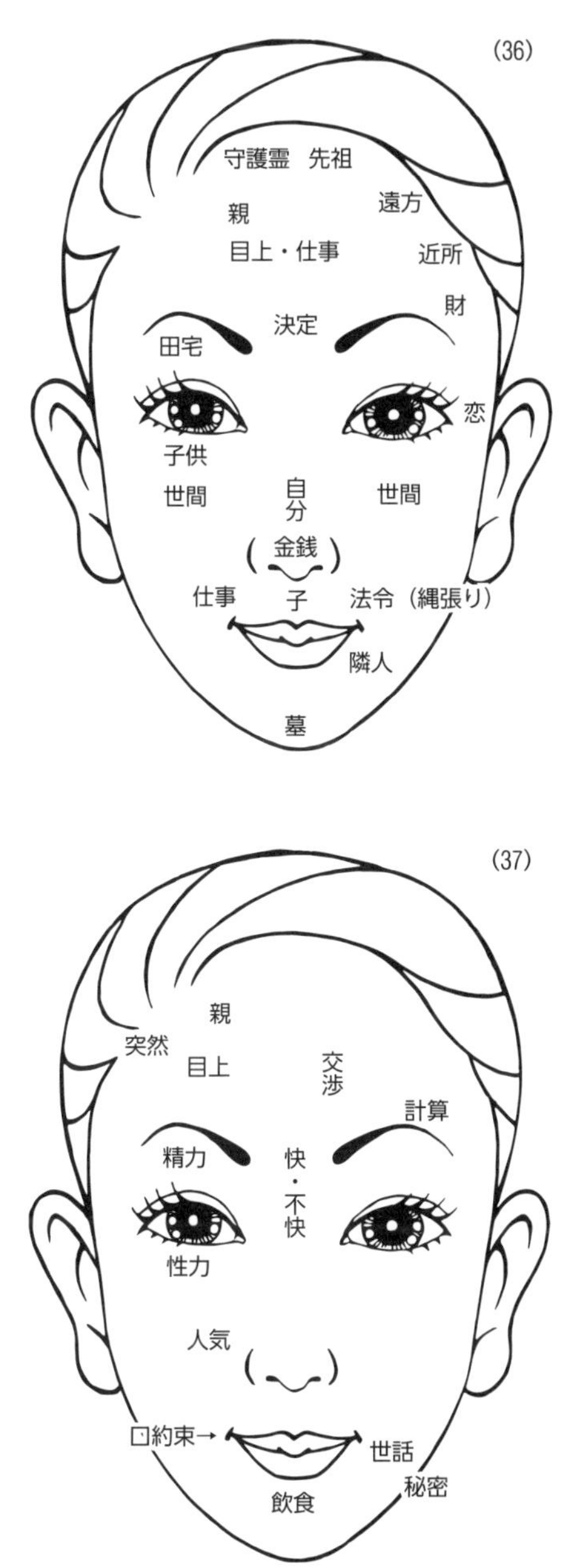
(36)
守護霊　先祖
親
遠方
目上・仕事
近所
財
決定
田宅
恋
子供
世間
自分
世間
金銭
仕事
子
法令（縄張り）
隣人
墓
(37)
親
突然
目上
交渉
計算
精力
快・不快
性力
人気
口約束→
世話
秘密
飲食

6 小人形法（男性用）と逆小人形法（女性用）

顔パーツの上に人体を重ねて、健康を見る方法です。(38)(39)
図のように、人形の手や胴体などの色が悪くなったり傷ができたりすると、それに対応する体の部位にも不具合が生じるというものです。
例えば、女性の眉間または人中や口に吹き出物が出ると、婦人科のトラブルです。

(38)

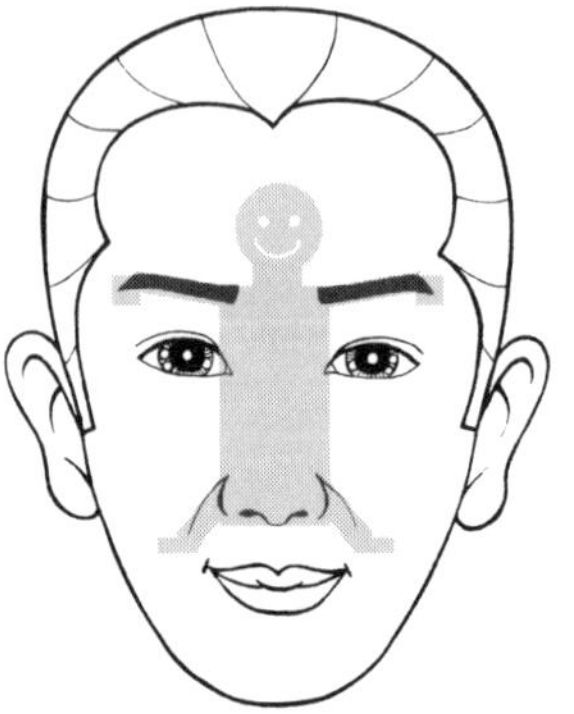

(39)

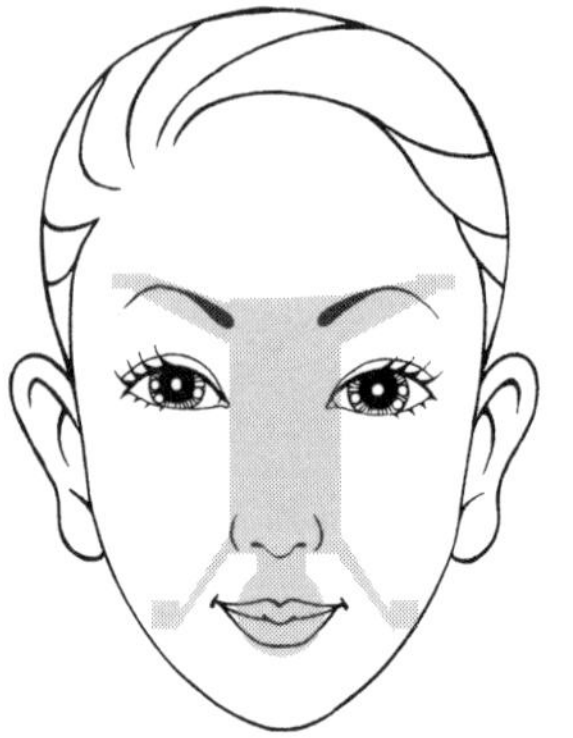

人の頭は、男性は小人形の額、女性は逆小人形の口が対応すると考えます。
ただ、現代は男女とも世間で働いていますので、女性は両方で見ることもあります。

- 乳＝男性は目、女性は小鼻
- 胃腸＝胴体
- 手＝仕事＝男性は眉、女性は法令
- 足＝仕事＝男性は法令、女性は眉
- 性器＝男性は鼻の先、小鼻は睾丸
- 性器＝女性は眉間

7 積極的な人の相

①出っ歯の力

目の前の若い女性が仕事を探していると言います。彼女は、額が広く、唇薄く、顔は青白く見えます。

私が「あなたは理系の専門職に向いていませんか」と聞くと、彼女は「たしかに、薬関係の資格も持っていますが、でも、人を相手にする仕事が好きなんです」

改めて彼女の顔を見直すと、白い前歯が二本、揃って出っ歯です。

出っ歯の人は、人とかかわるのが好き、おしゃべりが好き。「だまれ!」と言われたら病気になりそう。私は見事な額より、出っ歯の力に妙に納得したのでした。

②目鼻口の大小

顔占いでは、顔のパーツや気色線など総合的に見ます。

派手な顔の人は自制心がないと破滅しやすいです。

•目が大きく→欲しい物がいっぱい

•口が大きく→口達者

•鼻も大きい→自己主張します

女性で、目が大きく、ホホが大きいと、母親になると我が子に大干渉しやすい傾向があります。

目が大きい＝観察力があり移り気。

ホホが大きい＝自己アピールする、自我を押し通す、ということです。

③モテモテの人

夫の母はとてもモテる人でした。

出歯（派手好き）、耳たぶが大きい＝（大きいと、つるむのが好き）
お酒が好きで、美声で歌が好き、下唇にホクロあり＝贅沢ホクロ

これだけで社交的とわかりますが、人の心をつかむ努力をした人でした。雑談が好きです。

相手の話をうなずきながら聞いて、褒めたり笑わせたりしていました。自分に興味がないことでも、付き合いでつるんでいました。

蛇足ですが、外面が良いので、嫁の私を悩ます人でした。ちなみに、鳥の鳴き声は異性獲得のツールです。人間も美声はモテます。

補相＝なりたい自分になること

補相とは、目の悪い人がメガネをかけて視力を保つように、足りないところを補うことをいいます。

「このような自分でありたい」と意思を持つ（補相）ことで人生が変わります。「闇夜の美人」はいくら美人でも誰からも認められません。そこで照明という補相がほしいのです。

性格が人生を決めることが多いです。本人が自覚して正していくのが補相になります。

よい友は手を引っ張ってくれますが、悪い友は足を引っ張ります。悪い友は縁切りするのが補相になります。

顔占いの特徴にこの補相があります。

善し悪しの判断は、変更後を主とし、原型を従としますので、整形であっても、自分が気に入った姿になって自信を持つのがメリットです。

また、髪の生え際が一直線に立ちはだかっているような人は、前髪をすいたり短くしたりして、前髪の圧迫感を減らしてはいかがでしょう。前髪は少し厚みが薄いほうが開運しやすいです。

「顔施開運術(がんせかいうんじゅつ)」もお勧めです。

自分が人に笑顔をすると、こだまのように、自分にも笑顔が返ってきます。

そして、人間関係が好転します。お試しください。

補相の大切さ

人相で大切なのは、「現在」と「未来」のことであって、「過去」は不問です。

ですので、相談される方が、

「このキズは、子供の時に……」と言われても、

「それが、どうしましたか」でオシマイになります。

過去はともかく、

「では、どうするか」というのが、補相の考え方です。

この補相が、「過去は引きずらなくていい」と言っているのです。

〔質問〕子供のころ、事故で額の真ん中を縫いました。希望線は必ず分断されますので、気になります。

〔答え〕キズ痕は、自分が招く災難ですから、自分で調整できます。希望線がキズで分断されても、消えてしまうわけではありませんから、大丈夫です。

〔質問〕額の真ん中を縫いました。

〔答え〕額の真ん中は、官禄宮＝仕事や直属の目上の意味です。これを調整する補相があります。

それは、誰かと顔が合ったら、にこっと笑顔にすることです。

第2章　気色・血色（ツヤ）・希望線

気色・血色（ツヤ）とは

顔占いは、快不快を知るための占い

すでに出てきましたが、顔占いは「ツヤ占い」です。ツヤがあれば吉、ツヤなしは普通、茶や黒は凶と見ます。

この本では「希望線」や「デート線」など、いろいろ名前をつけていますが、どれも便宜上のことです。どれも気色線ですから、見方は気色線と同じです。

気色には、線だけでなく、丸形とか画相があります。

画相については、第4・5章で詳しくご紹介します。

大事なことは額の生え際に出る

額の生え際は守護霊の場所。半年先の運勢や希望が出ます。

生え際には、「天中」を中央にして左右に「墓→不時宮→辺地」があります。

生え際のツヤは吉。汚いと凶。普通の色は普通運です。

眉間・目・鼻・口は自分の意味。快不快の場所

眉間・鼻・口は自分。そこへやってくる「気色線＝連絡線」は自分宛てのメッセージです。

逆に、自分（眉間や口）から発する気色線もあります。

気色線＝連絡線の発・着の見分け方

次頁の写真をご覧ください。ホホの白い筋が気色線です。[40]

気色線の発・着（出発地と到着地）は、出発地が薄く太く、到着地が濃く細いです。宅配便と一緒で、発着が逆になると間違えます。

丸の中に人の顔が見えます。これを画相と言います。
鼻＝自分から○の中の人への連絡です。

気色の色に吉凶がある

黒＝過失。黒でいいことは一つもありません。
茶＝凶。悪意。悪い結果になります。
青＝心痛。悲しみの色。
ツヤのある黄色・紅黄色は、お金の喜び。
ツヤのある白は、心の喜び。
桜色・ソメイヨシノの花びらの色は、いい色です。
紅色＝ツヤがあれば熱愛、ツヤがないと独りよがりでいい気分のとき。
赤鉛筆の赤色は、濃淡はあっても、凶です。
透明感のある粒が数珠つなぎに繋がっている場合は、大吉です。
色が良くも悪くもない気色線は、吉凶には関係がなく、業務連絡のようなも

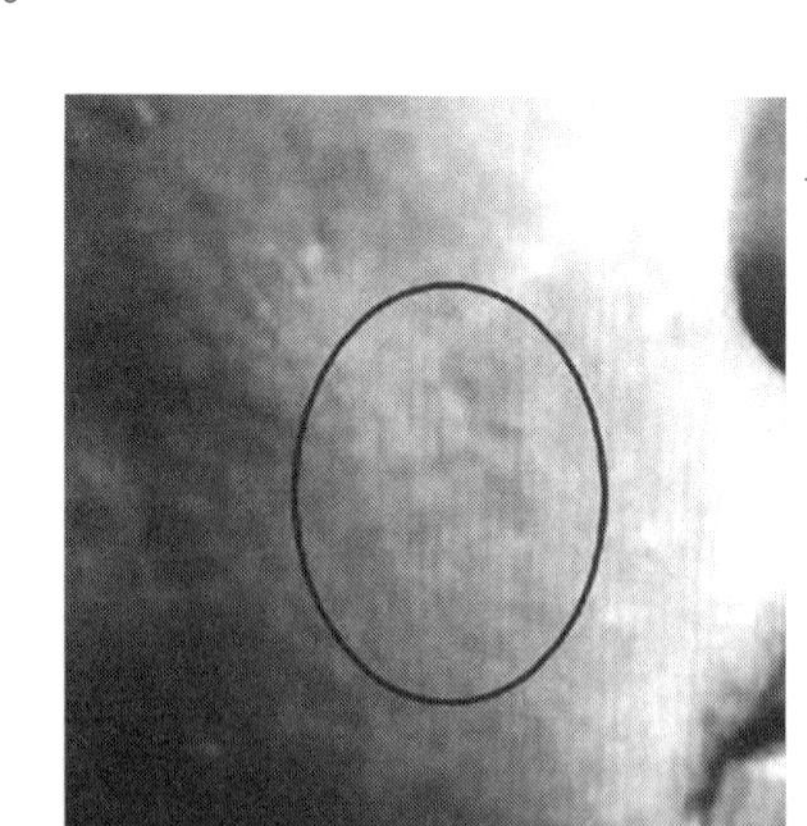

(40)
→口絵 p2
参照

のです。

例外として、気色線の色が「発」と「着」で変わっていることがありますが、それは途中で状況が変わったのですから、吉凶は「着」の方で判断します。

［質問］犬のお医者さんに「もう少し安いジェネリックみたいのはないですか」とお尋ねしましたら、先生の両眉の上が真っ赤になりました。お気を悪くされたのかしら。

［答え］はい、そうです。

正中線は運の通り道

眉間から眉間幅で真上の生え際（天中）までの範囲を「正中線」といいます。

この正中線の色ツヤで、半年先までの運勢吉凶を予想します。(41)

(41)

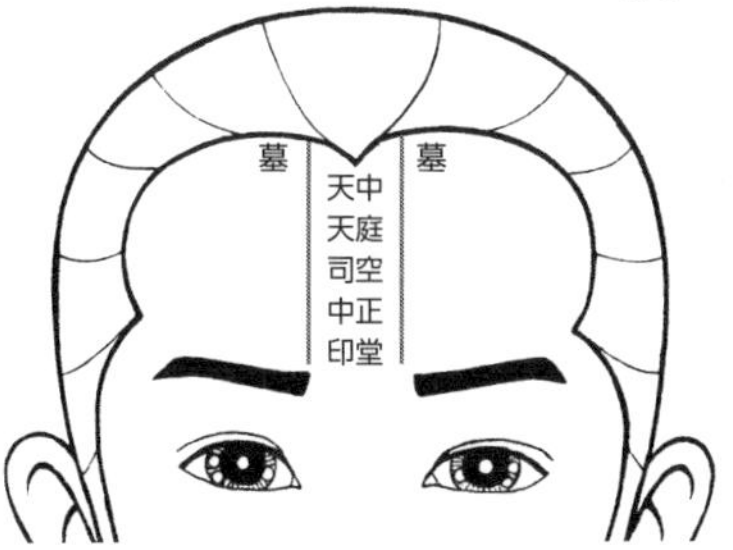

墓
墓
天中
天庭
司空
中正
印堂

天中は天（守護霊）の場所

天中の生え際がきれいであれば、今の運は雨でも、いずれ晴れます。

眉間（印堂）は日々の運の受け皿

眉間は、「印堂」とか「命宮」とも言います。印堂に気色が入らないと、何事も実現しません。

「印堂」とは、ハンコを押して決定、という場所のことです。

「命宮」つまり命、こころの居場所です。快・不快が色で出ます。眉間に汚い色が出たときは用心しても良くないことが起きます。

希望線

希望線とは

願い事が叶うとき、眉間と天中または墓まで白っぽい縦線が出ます。それを「希望線」と言います。(42)

希望線を見るには、自分が実現したいことを自分できちんと把握していることが重要です。入学・就職・その他ありますが、目標が明確でなければ希望線が出ていても単なる好調運で終わってしまいます。

希望線に×がある

正中線（眉間から眉間幅でまっすぐ生え際までの範囲）内の、どの場所でも同じですが、気色が交差して「×」になるとダメです。ダメになった直後は、「×」の気色が盛り上がって見えます。

希望線の出方

額に出る希望線の出方には三通りあります。

①自分が希望線することは眉間から上へ線が昇り、生え際（霊の場所）に

(42)

→口絵 p3 参照

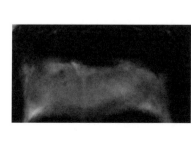

届きます。稀に①は生え際の寸前で消えたり、×が出たりでダメになることもあります。

②髪の生え際（霊の場所）から下へ線が降りて眉間に入ると実現です。これは守護霊の導きです。

③眉間からの線と霊の場所からの線が途中で握手するもの。

大願成就の希望線

眉間から気色線がまっすぐに伸びて髪の中に至るのは「大願成就」の希望線です。希望線が濃くなるときは、絶対にうまくいきます。(43)

結婚も希望線があれば叶います。言い替えれば、結婚したくても希望線が出ていないとダメということです。

希望線が出現した

[読者] 仕事のことでずっと悩んでいました。やはり、夢は捨てられないの

(43)

です。

でも、不思議でした！　こうしたいな？　なりたいな？　と思い始めた頃に希望線が出現したものですから！

願い続けた希望が叶うとき

〔読者〕やりたい事に関係する人物からの連絡ですが、ようやく来ました。とてもとても嬉しかったです。眉間から立ち上る白い希望線に、生え際の天中から降りてくる短い希望線がくっついて握手していたので、あれ？と思ったその日に連絡が来ました。急に気色線がくっついてとても驚きました。顔占いって、本当にいろんなことを予告しますね。

決勝戦前日の選手の額

〔読者〕オリンピックでスケート決勝戦前日のことです。女性選手の額に、透明感ある米粒を連ねたような真っ白に輝く気色線が、眉間に入っていました。当日は消えておりましたが、キレイな額で金メダルでした。

希望線の勢い（まだ眉間に届いていない）

私の知人は、一か月前に役所の入札に参加しました。相を見ると、知人の右墓から眉間の手前まできれいな気色線があります。

「結果が出るのは一か月後ですか、希望線に勢いがあるから眉間に入るでしょう、大丈夫です」と答えました。その知人からたった今電話がありました。「落札できました」とのことです。

障害（横ヤリ）があったが実現

額の天中から下へ向け希望線が降りていますが、中ほどのところで横からの気色線がストップをかけています（ライバルがいるということ）。

ところが、ストップ線の横あたりから、別の縦の気色線が湾曲して眉間に入っています。(44)

(44)

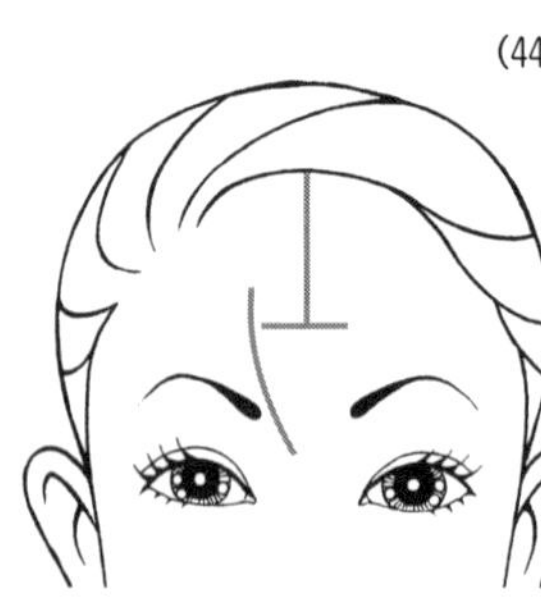

［読者］実は、半年間に額の正中線にうっすらと「×」が浮くことが二回ありました。

それで、実家の墓掃除をして、ご先祖にもお願いしました。今日の採用の電話を聞いて、ご先祖の応援としか考えられません。

枝分かれした希望線

途中から希望線が二股に分かれる場合、二つの線のうち太いほう、または、はっきりしているほうが本物です。(45)

二股に見える原因として、考えられる理由は二つあります。

①他の線が合流した。

②望み事が別の形で叶う場合（人事異動の時に出やすい）。

希望線が複数ある

希望線が複数ある場合、希望線は一つの希望に対して一本と見ますので、希

(45)

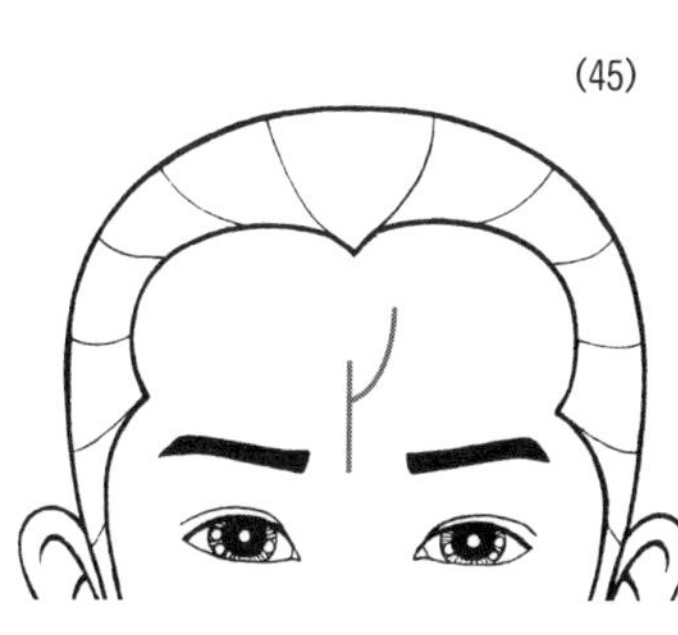

望が複数あるのであれば希望線も複数になります。この場合、縦の線は願い事が叶いますが、斜めの線はダメです。

希望線が何本かあるうち、一番浮き出た縦の線は、あなたが最優先したい願い事を表す線ですが、斜めの気色線が横切っている間は叶いません。(46)

額に横向きの希望線

図のように横向きになってキラキラと輝いていれば「大河の流れ」といって、時間はかかりますが大きな望みが叶います。

希望線は縦が基本ですが、これは例外の珍しい希望線です。(47)

ホホから鼻の山根へ希望線

ホホ（世間）から鼻の山根（志の宮）へ入る希望線は、誰かに紹介され希望を持っている状態です。(48)

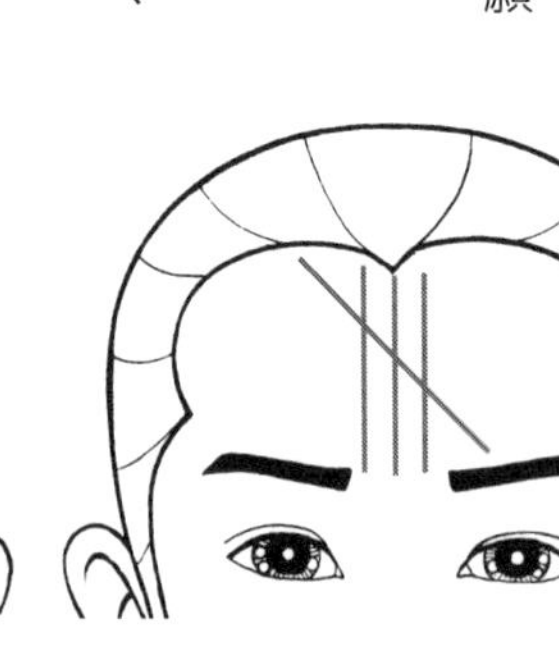

(46)

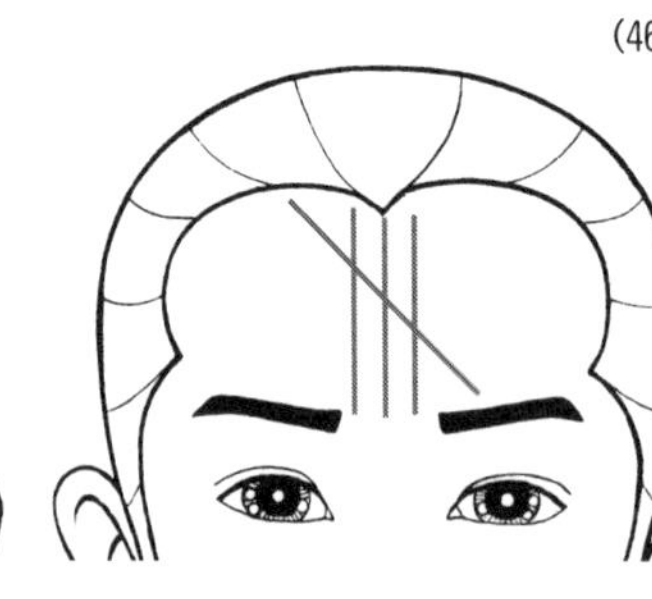

横向きの希望線　(47)

辺地から天中へ気色線が移動（珍しい例）

［読者］希望線はあるのに長く願っていたことが急に叶うことがあります。その時は天中天庭にすごく綺麗な筋が現れピカピカと光ったと思ったらその日か翌日実現です。

［補足説明］読者は外国の人と交流が続くうち、何らかの希望を持つようになりました。今まで出ていた遠方との交流を示す辺地の気色線が消えた途端に、天中発の希望線が眉間に入りました。

大学合格の希望線

医学部を受験した青年に、眉間から墓に入っている希望線がありますした。

彼は見事合格しました。

就職・大願成就の希望線

絵のように真っすぐな希望線というのは、新卒で○○会社に入りたいといっ

(48)

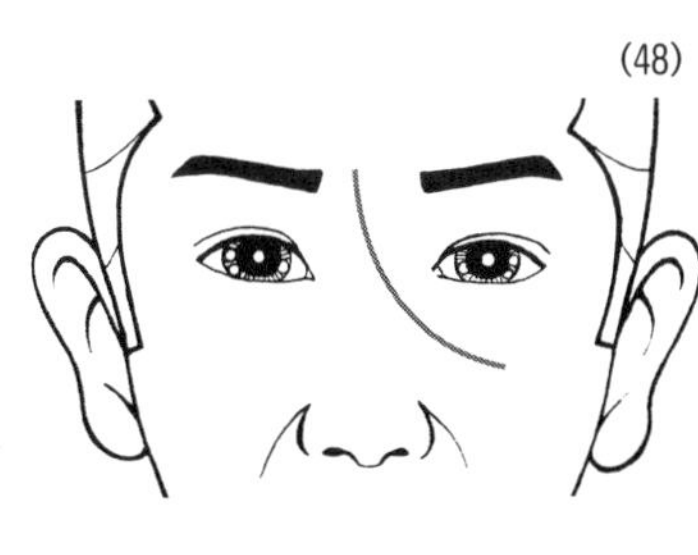

た目標があって応募するようなときには、大願成就の希望線が出やすいのです。(49)

今日のはダメでも

就職試験からの帰り道という青年は、疲れきった顔でした。眉間には、墨汁を落としたように黒い血色があります。しかし、額には未来色の細い希望線がすーっと生え際まであります。

私が「今日の会社は不合格ですが、もうひとつの希望先は合格ですよ」と言うと、彼の顔がパッと輝きました。三か月後、彼は公務員試験に合格しました。

採用試験合格

［読者］以前は眉間の下まで真っ暗だったのですが、鼻の付け根（眉間の下）は明るくなってきました。合格発表の朝、おでこにツヤがある！と思った時

(49)

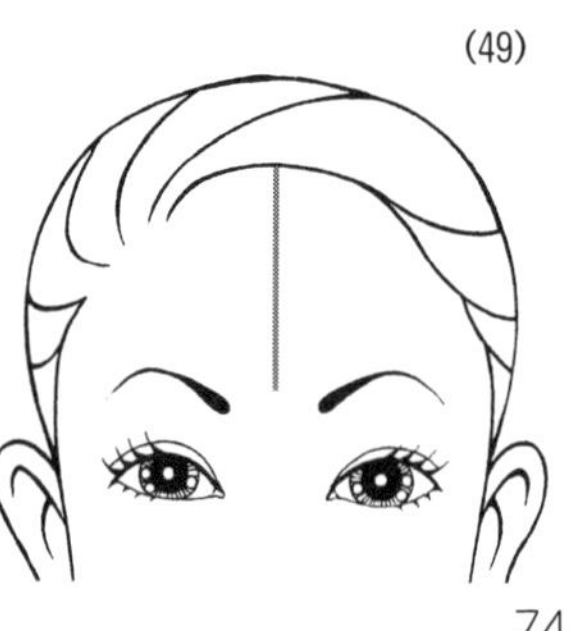

には、とても嬉しかったです。

面接合格

［読者］面接当日、額がいつも汚いのにその日はピカーッと輝いていたら、上手くいきました。先生のサイトで学んだことを、皆さんにもシェアしたくて長文を書いていました。

天中からと眉間からが握手したら実現

［読者］眉間から立ち上る白い希望線に、生え際の天中から降りてくる短い希望線がくっついていたので、あれ？　と思ったその日に合格の連絡が来ました。

就職活動と希望線

［質問者］今、就職活動中です。試験について、どのように見ればよいですか？

[答え] 希望線がありませんか。試験の日に「その日だけの希望線」でもOKですよ。

[質問者] 希望線が見えました。面接の後で左眉頭からおでこの真ん中くらいまで縦に白っぽい気色線が見えたので期待していたら、その日のうちに採用の連絡がありました。寝る前にまた見たら、もう消えていました。

試験と希望線①

[読者] 試験を二つ受験したのですが、一回目の受験日の朝には、額から眉間にかけて白く輝いていて、合格発表の日まで綺麗でした(この試験には合格しました)。二つ目の試験は、数日前から額の上半分と目の周りが茶色くくすんでいたのですが、結果不合格でした。

試験と希望線②

[読者] おでこを見ると希望線が煙のようにくねくねと生え際まで届いてい

ます。まっすぐの希望線ではないので、駄目だったのだろうと思っていました。結果の発表が遅れていたので。そう思っていたら、昨日夜に合格の連絡が来ました。希望線はまっすぐではなくても叶うのですね。

試験と希望線③

［読者］試験に無事合格することができました。やはり、おでこにあった画相は担当者の方と思われますが、こちらを見ていて、気色や希望線もきちんとありました（守護霊が見せてくれた画相です）。

試験と希望線④

［読者］採用試験に合格しました。以前は眉間の下まで真っ暗だったのですが、鼻の付け根（眉間の下）が明るくなってきました。合格発表の朝、おでこにツヤがある！　と思った時には、とても嬉しかったです。

試験と希望線⑤

［読者］先日、転職のことでご相談した○○です。昨日、面接に行ってきました。

眉間にはキラキラ光る希望線のようなものが見えて、本当に合格できるのか今でも半信半疑です。

今日おでこを見ると、血色が良くて、両眉の頭がピンク色になって輝いています。嬉しいお知らせがあると本当に嬉しいです。

それから、試験前日、おでこに顔の大きな画相が見えたのですが、ちょうど面接担当の人も顔が大きく、この人なのかなと思っていました。

（その後）［読者］試験に無事合格することができました。

やはり、おでこにあった画相は担当者の方と思われますが、こちらを見ていて、気色や希望線もきちんとありました。

とても不安でしたが、強く信じて待つことにしてたところ、本日内定通知をいただき、ホッとしたのと喜びで溢れています。

希望線が見えないときは

［質問］面接当日に希望線が見えないときは、やはりダメということなのでしょうか？

［答え］はい、そうです。

転職と希望線

転職したいと思ったら、額の左右を見比べます。不時宮と辺地を一緒にし眉尻近くまでの範囲が見どころです。この場所は遷移といって動きが速いです。本人の額左↓未来の運勢が変わり始める場所です（男性は左右逆）。(50)
左が綺麗だったら職探しをし、右の方が綺麗だったら今の会社にいた方がよく、左右同じようであれば変わり映えしません。

(50)

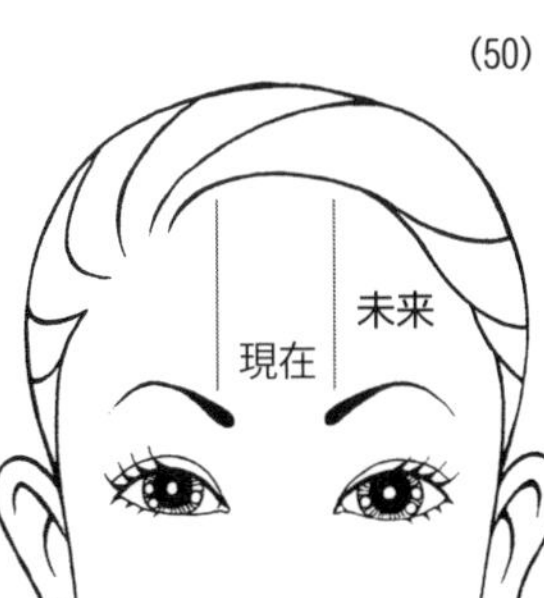

顔占いの基本
気色・血色・希望線
金運について
画相について
恋愛について
災い・トラブル
トラブルを予告する「赤点」

再就職の採用通知

再就職でどこかに採用されたいという場合は、目標が一社に絞られないので、天中からのように真っすぐな希望線になることは少ないです。近ごろはインターネットで求人に応募することも多いですが、不時宮あたりからの気色線が、眉または眉間に綺麗な気色線が至ると、採用の連絡があることが多いです（もちろん天中からのときもあります）。(51)

不採用になった会社からの再検討

［読者］いったん不採用になった会社から「可能であればまた採用を考えさせてほしい」とのメールがありました。

その日の朝に天倉あたりがあきらかに白っぽくつややかでした。しかし、金運がよくなると知らず、お断りしました。(52)

白っぽかったのは本当にその一、二日くらいで、それ以来ずっといつもどおりの色です。残念！

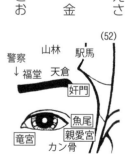

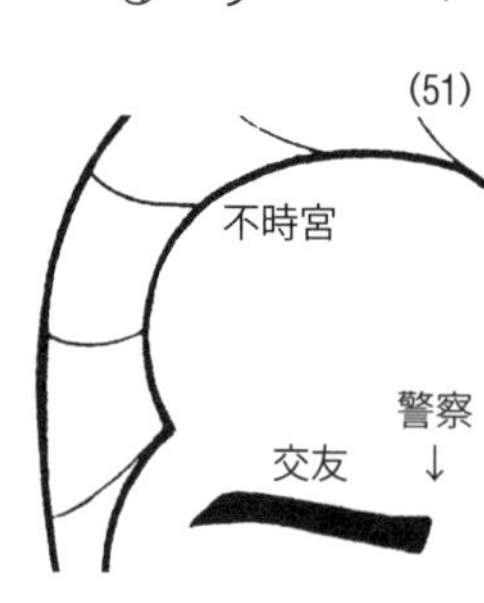

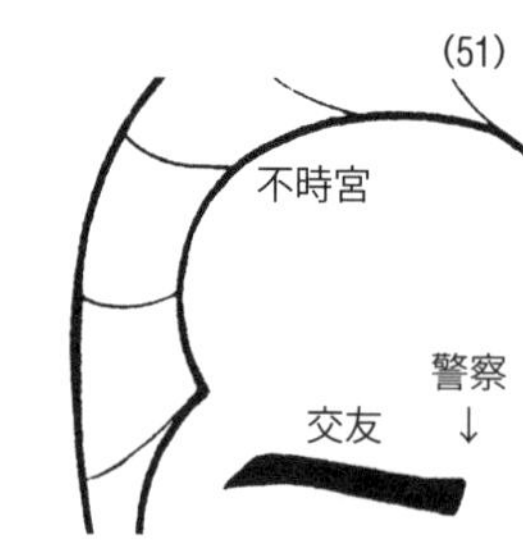

吹き出物より、おでこの真ん中の色を見る

吹き出物は出たり消えたりします。出ているときだけ用心なさればいいです。おでこの真ん中あたりを官禄宮といいます。官＝仕事、禄＝収入です。官禄宮の色はどうですか？

力なく薄黒いとすぐには就職できません。ですが、官禄宮の色とは別に希望線というものがあります。

おでこの真ん中あたりの色が悪くても、希望線があれば臨時の仕事がありますす。

本日限りの希望線（重宝です）

眉と眉の間に出る短い縦の線です。(53)

「今日のテストはうまくいくかな？」とか「今日〇〇さんに会えるかな」というような、一日で終わる事柄を示しています。

(53)
本日OK

(54)
本日ダメ

この短い気色線は本日限りの希望線なので、一晩寝ると消えます。気色線が眉間上側にフタをするように横向きに出ると、本日ダメです。(54)

わっ、国家の一大事!?

二〇一五年六月十二日、中国株の大暴落が起きました。これはチャイナショックと呼ばれているそうですが、その前日の十一日、当時の安倍首相と菅官房長官の二人の右生え際（男性なので右）に、太い茶色い気色が出たのです。(55)

「わっ、国家の一大事!?」と思いましたが、大暴落がニュースになった翌日かその次の日には、首相の茶色は消えていました。官房長官のほうは、もう少し後まで出ていました。

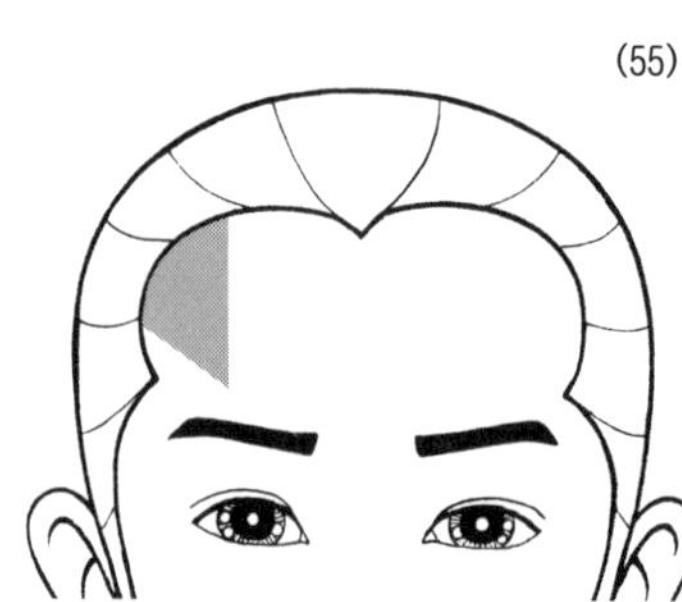
(55)

次期首相

二〇二〇年八月二十八日、当時の安倍首相が記者会見で辞任を発表しました。

翌日、そのことについてブログに書いたところ、数日後に読者からコメントをいただき、私も回答してやり取りをしました。

〔質問〕顔相からは次期総裁はどなたが適任と感じますか??

〔答え〕適任は候補者全員と思います。

選ばれるのは、菅さんです。

本人の希望線は眉間から上へですが、それがまだ出ていないときに、守護霊が出す希望線が、額の天中から下向きに官禄まで下りていました。(56)

菅さんは、本人が希望する前に、守護霊からの希望線が出ていたので、首相になる運命だったのです。

これとは別に、安倍首相が辞任を発表したこと自体は、官房長官の菅さんにとっては初耳だったらしく、額の右半分が黒くなったのです（本人はお先真っ暗な気持ち）。

(56)

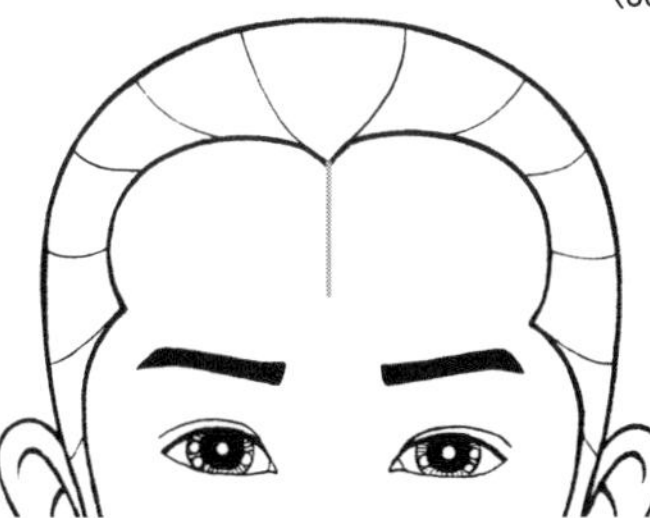

私は、首相候補者さんたちの人相が、折りたたまれるように、短時間でコロコロ変わるので、勉強になりました。

第一目標・第二目標

「NHKのど自慢」というテレビ番組があります。

出場者が歌ってレベルが高いと鐘が鳴って合格になります。

番組を観ていると、合格しそうな人は、眉間が明るいので、歌う前から見当がつきます。

しかし、希望線があるのに不合格になり、それでも嬉しそうな人がいます。

そのような人は、司会者とのやり取りでわかりますが、その人にとっては出場して晴れの舞台で歌うのが第一目標で、合格はその次の目標だったりします。

このように、第一目標、第二目標とある人も時々いらっしゃいますから、希望線を見ても、予想を間違えることもあります（特に政治家）。

第3章　金運について

金運は、顔全体のツヤによって判断できます。

顔全体のツヤが良いときは健康で、金運も運勢も絶好調です。

なお、「大金が入る」というときの「大金」の基準は、あくまでも「その人にとっての」大金です。

臨時の金運・宝くじなど（入金）実例集

これらのサインは消えるのも早いです。消えたら恵みはありません。

①［読者］美容院で鼻先がきらきら輝くのでその足で宝くじを買いました。
二十万円当たりました。

②［読者］右田宅の黒目上部分が光りました。高速バスの回数券をもらいました。次の日は消えました。

③［読者］こめかみのあたりが他より白くなっていたので宝くじを買いました。一万円が当たりました。

④［読者］鼻柱と小鼻の付け根がきらりと光りました。嬉しいプレゼントをいただきました。

⑤［読者］一昨日くらいから鼻がピカピカしていたんです。なんと昨日の夜、友人から以前貸していたお金を返されたんです。それで、今朝見たらピカピカしていなくて普通に状態に戻っていました。

⑥［読者］二日ほど前から右瞼からの白線が見えていました。白線は鼻筋の横をまっすぐ下がって小鼻に到達。鼻の脂も出ているのでこれは？　と思ったら、臨時収入がありました。

ネットオークションの出品者の場合

［読者］自分が出品した商品が落札される日は、必ず左小鼻上付け根から右小鼻中央鼻穴へ白線が出ます（小額なので）。ですが、どちらかというと今までの経験上、落札日に白線がくっきり出ます。入金日には線はあったりなかったりです。

日常の金運の流れについて

日常のお金は鼻先＝お金の入り口から入ってきます。

そして鼻穴（出口）から、鼻の下の人中を通って、口の中に入ります。

かつて見たテレビに総理大臣がボーナスをもらったときの様子が映りまし

た。左の鼻柱と小鼻の合う場所から鼻先がピカピカでした。

あてにしている入金があるか、というのは、人中と上唇の接点までツヤが来ていないと（鼻の穴の艶だけでは）、入金は数日遅れます。

商売をしている人は、鼻の穴が艶々していると、収入は順調です。

倒産前は、鼻の付け根から毛細血管のような赤い色が小鼻全体を包みます。

倒産後は、赤い色は紫になり消えていきます。

金運が良くなるはじめ

仕事上で収入が多くて嬉しいときは、法令の色がキラキラ光ります。

金運が上がってくるときは、鼻の先から美色になります。

鼻で見る金運というのは、自分で稼ぐ金運です。

眉尻の上あたりを天倉といいます。ここで大金の動きを見ます。(57)

スッと白いスジが見えたり、一帯が白くて艶をもってくると金運アップの予兆です。

この金運アップのサインが出ているときに行動しないでいると、数日で消えます。

もっともっと金運が良くなる前触れは、額全体が白くツヤツヤします。

さらに、もっと日常的に笑いが止まらないほどの金運があると、顔全体がツヤツヤぴかぴか輝きます。

宝くじなど一時的な大金を得る場合も額が輝きます。


［読者］右の眉尻とこめかみを繋ぐような気色線が何本も何本も見えました。出ぐあいは、右側の（※女性は右に出やすい）こめかみから十本近くの細く盛り上がった白い艶のある気色線が、上まぶたの尻と眉尻に向かってわあっ

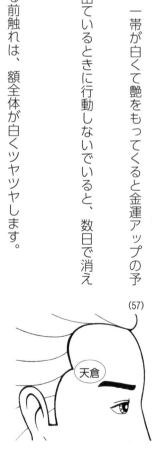

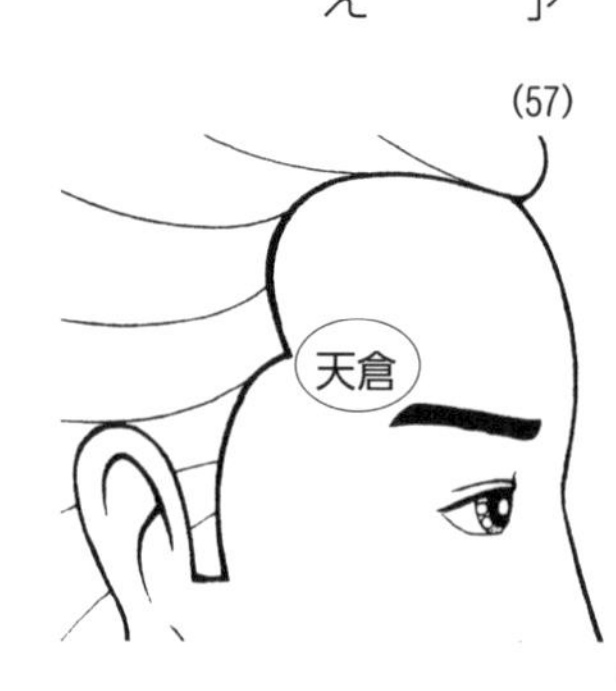

と紙テープのようにつながっております。

眉尻付近（天倉）は大金

眉尻の眉丘が張り眉毛がそろっていると権財を握るといいます。つまり、しっかり者です。

大金の入出金は小鼻でなく天倉で見ます。

天倉に黒いシミがあるのは、大出費があったということです。

小鼻（財布＝小金）

財布にお金が詰まっているときは、鼻がツヤツヤして輝きます。

カラ財布のときは、鼻の色はすすけた感じです。

現金を引き出した直後は、鼻先が光りますが、三十分もしないうちにツヤは消えます。鼻は現金が好きなようです。

出費や金欠のサイン

吹き出物やキズで赤くなったのを赤点といいます。

鼻に赤点は想定外の痛い出費があります。

小鼻の付け根が赤くなったり、鼻穴が点々と黒くなったりするのは金欠のサインです。

鼻が痒い（金欠）、鼻穴が痒い（赤字）

鼻の表側（外見）は、現金など見てすぐわかることと連動し、鼻の表面が痒いということは、金欠です。

鼻穴内のことは証券会社の帳面などの数字と連動しているようで、赤字です。

鼻の穴から一筋、色鮮やかな赤い筋が出たときは、四苦八苦して捻出するサインです。

喜んで支払する出費のときは、ツヤのある白い気色線が出ます。

［質問①］両方の鼻穴からまっすぐ白い気色線とそれに沿うようにグレーの気色線が出ています。どう判断するのでしょうか。

［答え］鼻穴から白い気色線＝支払うのが当然と思っています。お金が出て行きます。鼻穴から薄いグレーの気色線＝影みたいな色。払いたくないのに払わされます。

つまり、支払いが二つあって一つは納得済み。グレーのほうは仕方なく払います。

［質問者］今日、クレジットを確認をしました。納得はしますが、思っていた金額より多く引き落とされていました。

［質問②］六年前から鼻の右の穴から右の上唇にかけて茶色い筋が消えません。最近になり途中が消えてきているように思います。

夫の希望でとても大きな買い物をして、貯金の九割がなくなってしまいました。何か関係あるのでしょうか。

［答え］六年前、使うかもしれないと思ったら、鼻穴から口へ茶色い筋が出たと思います。

［質問］言われてみればその通り。でもどうしても消えなかったのです……。

［答え］予定が実現し出費すれば、茶色い筋は消えます。

鼻と耳たぶは変化する

鼻と耳たぶは、金運に従って痩せたり太ったりします。

ふところが豊かなときは、小さい鼻も見た目が五割増しで大きくなります。

耳たぶもふっくらになります。

笑いがとまらない証券会社

業績の好調に「信じられない状況になっている」と語ったCEO。

目頭付近の鼻から輝いているので念願が叶いました。(58)

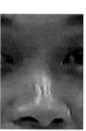

(58)

大入り袋を出した

会社の業績は経営者の額に出る

額の天中には半年先の吉凶が出ます。

額の正中線は運勢の天気予報が出る場所です。会社の業績はもちろん新商品の発売成績も、経営者たちの正中線の色ツヤで予想できます。

天からお金が降ってくる

天中天庭横から生え際に沿って額の角まできれいなツヤ（サラダ油を塗って光を当てた感じ）が瑞々しく出ていると、天からお金が降ってくるときです。この瑞々しく美しいツヤのことを「潤色」と言い、めでたい色です。宝くじや株を買うと大吉です。とはいえ、この潤色は数日で消えます。消えたら残念です。

特別の超大金入金

超大金がドカーンと入ってくるときは、額全体＋鼻全体がぬるぬるして見えます。

額と鼻が色白になり、ロウを塗ったように、ぬるっとした感じで光ります。天中から眉尻への気色は、ぬるぬるに覆われて見えません。

一週間もすればぬるぬる感はなくなって、落ち着いたきれいなツヤになります。すると天中から眉尻への気色が見えます。

贅沢犯、刑務所へ

コンビニ強盗が店の防犯カメラに映っていてニュースで放送されました。

顔は眉が白く光っています。快適に暮らしている相ですので、貧困から強盗したのではなく、悩まず強盗したものと思われます。

バブル崩壊後の世界の大金持ちの相

NHKスペシャル「沸騰都市のそれから」という番組を観ました。

ドバイやロンドンなどの大金持ち数人が映りました。

羽振りのいいとき→眉尻の上から横額がピカピカです。

金策に追われているとき→眉尻の上から横額が黒っぽいです。

世界の注目を集めていた大富豪たちも、私たちのような庶民も、金運の相は同じでした。

ちなみに、「お金持ち」という基準は他人が思う財の量ですので、例えば百億円持っていても、その人がもっと欲しいと思っているうちは、お金持ちの相になりません。

総理大臣になるための大出費

この絵は政治家のAさんが、かつて自民党総裁選挙に立候補したときの額です（投票日一か月前）。(59)

投票では、Bさん、Cさんの二人に勝ちました。

額の左右に黒い筋があります。これは大金を借り入れ使ったのです。

この黒い筋は三か月くらい後まで残っていました。

(59)

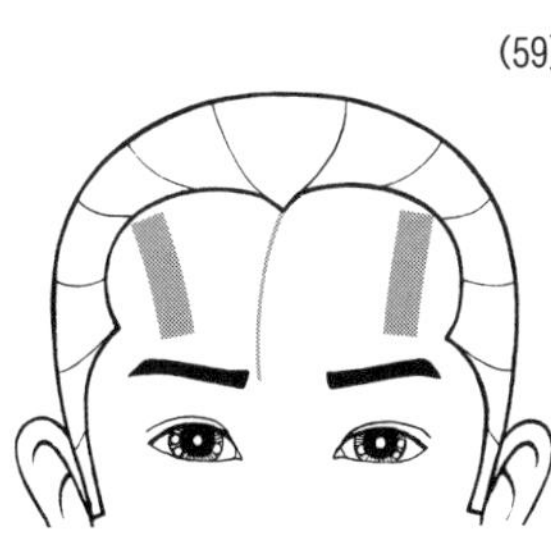

額の真ん中に少しカーブして希望線があります。彼はその後、総理大臣になりました。

子どもに捨てられる相

笑ったとき人中に横シワができる人は、身近な人に冷たい人が多いです。(60)冷たさの大きな理由は、お金と損得です。最近増えました。

男性にこのシワが少ないのは、男女で顔のつくりが違うのでしょう（男性にもまれにあるそうです）。

［実例］知り合いの女性は、子どもへの態度を改めて横シワがなくなりました。彼女が仕事から家に帰った途端、子どもが、「早くご飯にして」と言います。以前の彼女は「お母さんは今帰ったばかりよ、うるさい!」でした。でも、現在の彼女は「おなかすいたネ。急いで作るから待っていてね」です。

(60)

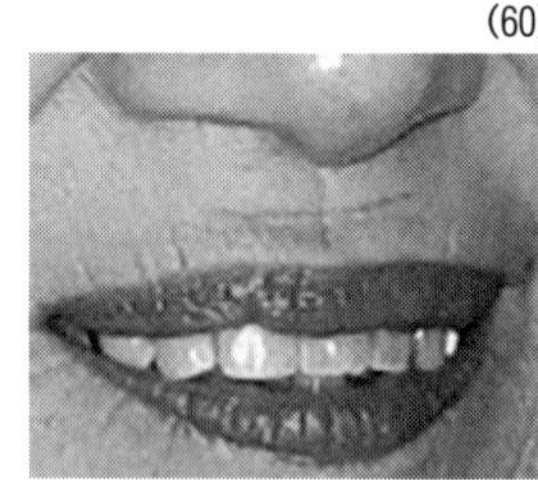

借金癖

知人の姉は、借金癖があり、妹である知人に、

「○日に払わないと怖いことになる、だから貸してほしい」

と言ってせっついてくるそうです。

彼女は、姉が可哀そうだし、人情として放っておけないので、これまで再々用立ててきましたが、その後に返してくれない、と私に愚痴ります。

貸す側から見ると、「お金を貸すのが仕事だから、返してくれさえすれば、いくらでも喜んで貸す」ということね、と私が言うと、知人はハッとした表情になりました。

「お姉さんから貸してと言われても、知りません、と縁切り覚悟で言わないと」

と伝えましたが……。

借金癖の人は見栄っ張りが多い、と言うと、そうなのよ、と頷いていました。

第4章　画相について

画相とは何かについてご説明する前に、まずは実例から見てみましょう。

お仲人の画相

教師の娘さんとそのお母さんから、相談を受けました。

娘は「学校の先生をやめたい」と言い、母は「辛抱しなさい」と、母娘の意見が合いません。

顔を見ると、娘さんの天中から眉間に向かう気色線の途中に、眉毛に特徴のある女性の画相があります。

その画相を紙に描いて、「この人があなたの力になります。心当たりはありませんか」と言うと、「見当がつきません」と言われました。(61)

(61)

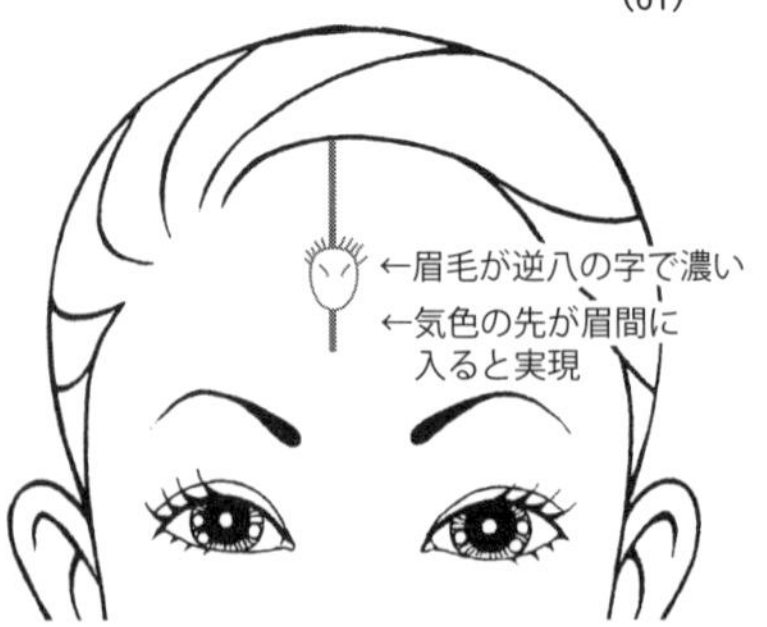

←眉毛が逆八の字で濃い
←気色の先が眉間に入ると実現

「今は辞めないで、この人が現れてから考えてはいかがでしょう」と、私の考えを伝えました。

「いつまで待てばいいですか」

「画相は額の中ほどにありますから三か月後です」

そして三か月後、画相そっくりの人が現れて、縁談をお世話してくださったそうです。

彼女から、先生をやめて結婚します、との報告がありました。

特徴のある画相（眉毛が逆八の字で濃い）

生え際＝半年先、額の真ん中＝三か月先、眉間＝現在

気色線の先が眉間（決定）に入れば実現です。

額の真ん中の画相＝人生を変える人が現れる (62)

［読者］昨年、額の真ん中に顔が現れたことを先生に相談したとき、先生から数か月の間に人生を変える人が現れるとおっしゃいました。

でも、その時の画相は異常なくらい鼻が高く（大きく）、とても日本人の鼻ではないと思っていました。しかし、こんな田舎で外人さんと……？

が、しかしです。それから数か月後、私の声楽の先生から、ドイツ人の先生のレッスンを受けないかと誘われました。

そうなんです。やすこ先生……。まさしく、私の画相のような大きい鼻の先生でした。（中略）先生のお陰で素晴らしい先生と巡り会えることができて、本当に神様と先生に感謝してもしきれません。ますます精進したいと日々努力です。

画相とは

○あなたの顔の中に「誰かさんの顔」がある、それを「画相」と言います。

画相は、相手の本心を自分の目で確認できるので重宝します。

画相の知識があれば、誰が見ても何度見ても、同じ顔を見ることができます。

写真にも撮れます。ですので、吉凶の判断は即決です。(63)(64)

(62)

(63)

→口絵 p3
参照

○画相は想念を送っている人の顔です。相手が自分のことをどう思っているか、あるいは未来がどうなっていくかなどをリアルタイムで予知できます。

○画相とは気色線が寄り集まって、形を作ったものです。

○画相の大きさは、米粒くらいから十円玉くらいです。

○相手の想念がなくても大切な事柄であれば、守護霊が見せてくれることもあります。この場合は表情が変化しないで、画相の人が現れてから変化します。

○画相の顔は本人そっくりです。メガネをしていれば、メガネをかけている顔です。違うのは、画相には本心が出ることです。本心が笑っていれば、笑

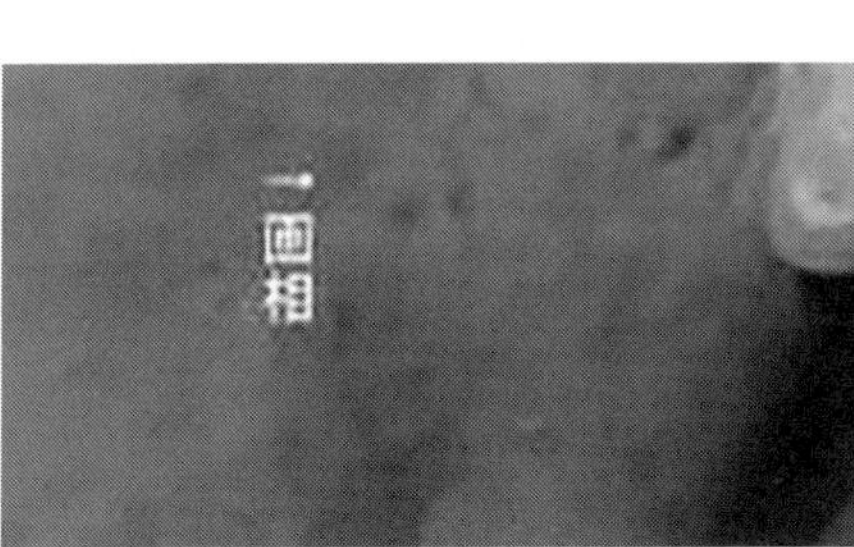

(64)
→口絵 p3 参照

い顔が出ます。

○画相はどこにでも出ます。額は未来のことや目上のことが出る場所です。目から下は目下の人を見ます。恋愛は目尻で見ます。

○画相は用事があるときだけパッ出て、済むとサッと消えることがほとんどです。

画相に出る過去・現在・未来

画相に、過去・現在・未来があります。その見分け方は目です。(65)

画相は目から出て、目から消えます。

過去＝目がない。消えつつある画相です。

現在＝目と輪郭が揃っています。

未来＝目があり輪郭がありません。

(65)

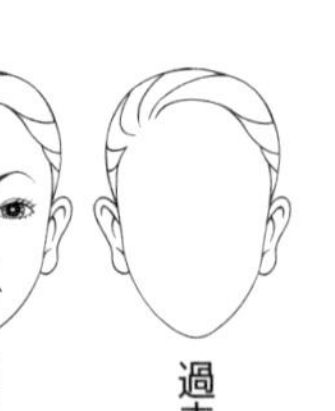

画相の見つけ方

①目となる二つの点々を見つけます。
②目がわかれば、目の上の小さいシミ（髪になります）を見つけたり、口を見つければ、すぐに顔全体が見えてきます。
③その次は、顔の輪郭の丸形○を探します。
④髪やあご、口を探します。すでに①や②で見つかっているかもしれません。

［読者］画相って、横向きだと髪の見え方まで、本当に人が横を向いたときとまったく同じに見えるんですね。

［読者］知り合いの画相を見つけました。あごに特徴のある方なのですが、あごの形まではっきり出ていました。

画相の見つけ方（初心者の方向けの方法）

①手鏡を持ちヒジを曲げ、ふつうに鏡で顔を見るような姿勢をとります。

②顔の中にシミやホクロ、毛穴など、小さな点が二つ並んでいるのを探します。点々が目になります。点々を包む丸い気色も見えたらよりよいです。

③目が見つかったら、目の上あたりに頭髪らしきシミがないか探します。ハゲ頭以外は頭髪も本人そっくり。いつも帽子をかぶっている人はかぶった姿で出ています。

④目と髪が見つかった時点で、ヒジをしっかり伸ばして画相らしきものを確認します。ヒジを伸ばして鏡を遠ざけるので、最初は目に力を込めないとなかなか見つかりません。意識を目に集中してしっかり探しましょう。

⑤顔は正面向いているばかりでなく、斜めを向いていたり、横向きだったり、いろいろあるので、正面向きにとらわれずに探すのがポイントです。

⑥顔がわかったら鏡を三〇センチくらいに近づけて、その画相が誰の顔かを確認します。

※鏡に近づきすぎず、三〇センチ以上離れて見たほうが見つけやすいです。

※顔が動いた瞬間、光の当たり具合で見つけやすくなることもあるので、いろいろ角度を変えてチャレンジしてみてください。

※慣れたら、鏡から一～二メートル離れて見たほうが、はっきり見えます。この「離れたときにはっきり見える」というのが、気色線・画相だと言い切れます。

※画相が多数のときは目鼻口が略されて、それぞれ単なる○の顔のこともあります。

※上級者向き　画相の顔の向き（外向き・内向き）が変化する前に画相の頭の向きが変わります。

画相の見つけ方　読者の体験

読者の若い女性が、「画相を見えるようになりたいという人へ」と、ご自分の体験をインターネットの掲示板で書いていらっしゃいました。掲載のお許しをいただきましたのでご紹介いたします。

【読者】気色線は見えますか？　実際に自分の顔に出てくるものは、やすこ先生のサイトに載っている写真ほどはっきり見えないかもしれませんが、額やこめかみに卵形の白っぽい丸が見えたらそれが画相ですよ！

私は最初、気色線のほうが見えなくて、とりあえず目尻にふたつ並んだ点を探すことから始めましたけど、点々が見えると周囲がちょっと色が変わってたり、点々を囲むようなシミっぽいものが見えたりします。

そこまで見えるようになってくると髪の毛や口の判別がつくようになってきて、画相の顔や頭を通る気色線が分かるようになります。私はなりました。

恋愛以外でも画相が見えると重宝することがあるので私は見えて助かっているなあと感じていますが、人に勧めても「よくわからない」で終わってしまうので、「見えるようになりたい」という意識があるだけでも全然違うと思いますよ！

画相に本心が出る

画相の目と口に、その人の本心が出ます。

目＝本心、口＝意思とか表現を表します。

人は利害損得を考えて話しますから、目と口の向きが別々のこともあります。

画相判断のポイント

画相の吉凶は、画相の色ツヤで判断します。

一見して汚い、たとえば茶色だったり暗い色の画相は、どの場所に出ても悪い画相です。

私事ですが、生え際の不時宮に、正面を向いて笑っている顔が、こげ茶色でした。

その後、どこで私のことを知ったのか、不正請求のハガキが来たのです。すぐ消費生活センターに相談しましたが、ハガキはその一回きりでした。

画相の顔は横顔だったり、正面の顔だったりします。画相の顔の目の向きがあなたに対する好き嫌いを表します。

①正面向き＝関心を持っています。
②内側（顔の鼻の方）向き＝好意を持っています。
③外向き（顔の耳の方）向き＝嫌っています。

④赤く盛り上がった画相＝立腹中。怒りが大きいほど膨らみます。
⑤顔が真横になっている画相＝邪魔してやると思っています。
⑥茶黒い画相＝顔の向き関係なくあなたを騙す気の顔です。
⑦水玉や、年輪のようになっている気色は、丸い物の画相であったりします。
中心が芯です。ぱっと出て顔になることもあります。

画相はあなたへ気持ちを送っている人の顔です。あなたへの思いだけです。
画相の人が置かれている状況を示すものではありません。

影絵のような画相

薄墨色の横顔で目鼻なし、というものです。あなたに用事があるのだけど言えないでいます。だから影絵。数日で消えます。

私の額、縦の生え際の駅馬や辺地辺りに影絵のような画相が数回出ました。
ネット友から後日、本人の写真が送られてきました。(66)

(66)

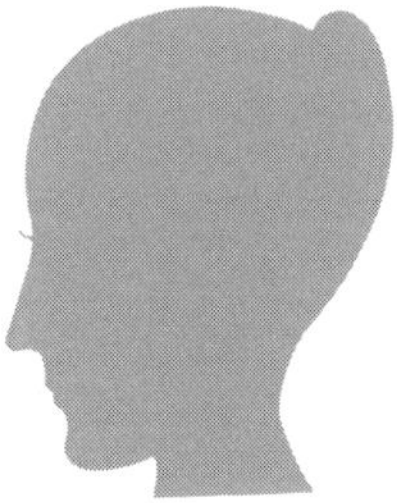

故人の画相

夫の両親が相次いで亡くなり、四十九日の法要をしました。

法要の数日前から、私の官禄宮の右隣に亡き義母の画相が出ました。

十円玉くらいの大きさで、正面を向いて大笑いしています。

義母の次に、一円玉大の故義父の正面を向いた顔も出ました。

画相が変化する

画相は顔の向きが基本になりますが、画相の表情はリアルタイムで変化します。

例えば仲良しなのに喧嘩をすると、顔の向きは内向きまたは正面向きですが、表情が怒り顔になり、仲直りするとまたニコニコ顔になります。

表情は口が一番変化します。

気色と画相が盛り上がるときもあります。血管が盛り上がっているような感じですが、中身が血管でなく気色です。このようなときは特別に気色パワー全開です。画相も盛り上がって膨らみます。

[読者] 一か月以内に二回、リアルタイムで画相が変化するところを見ました。同じ場所で、二、三人の顔が入れ替わりしていました（カン骨の内側斜め下でした）。(67)

びっくりしましたが、「わあ〜、すごい！」とむしろ感動でした。

[答え] 私も体験しました。左眉頭より少し上の場所に、六人の画相がパッパッパッと入れ替り出ました。

始めニコニコ、後くやしい画相

これは私の体験談です。賃貸マンションを持っているのですが……、新しく入居した人が自分でお金を出して内装をやり替えたのです。

ところが、入居して半年もしないうちに、お隣さんと喧嘩して、出て行くといいます。

(67)

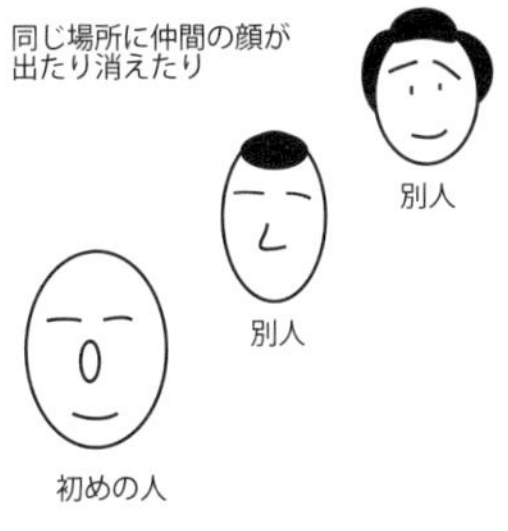

同じ場所に仲間の顔が出たり消えたり

別人

別人

初めの人

内装を元通りにしたり短期間に解約するので違約金も要ります。くやしかったのでしょう。その人が入居した日に私の左眉頭の斜め上に、ここに描いた画相と気色がありました。変な画相ですが、絵どおりの結果になりました。(68)

始めニコニコ
後くやしい

固有色画相（こげ画相）と休火山のような画相

目鼻口があって画相なのに、いつ見ても同じ顔で表情に変化がないのを、固有色画相（こげ画相）と言います。これは出来損ないの画相ですから、あっても無視して構いません。

また、無表情のままずっと居座っている画相が、たまに用事があると表情が出る、休火山のようなものもあります（休火山の実例は後述）。

［質問］こういうふうに数年もかけて同じ場所に出ている画相ってあるんでしょうか。

［答え］はい、あることはあるのですが、無表情なので無視です。

潮の満ち引きと画相

二〇〇九年、「原宿の母」こと菅野鈴子さんに招かれ、二日間の人相教室をしました。

一日目は午前、二日目は午後の開催でした。

生徒さんたちに「あなたのここに画相があります」と指し示すのに、一日目の午前は難儀しました。

しかし二日目の午後は、生徒さんたちも自分の顔の中の画相を生まれて初めて見て喜びました。

実はその二日間では、午前が引き潮で、午後は満ち潮だったのです。同じ部屋なのに海の干満でこんなに見え方が違うものかと驚きました。

潮とは違いますが、若い人と高齢者が並んでいる場合は、断然若い人の方が見えやすいです。

画相はインターネット越しでも出る

インターネットが当たり前の時代になり、インターネット経由で出会って実際には会ったことのない者同士の恋愛も成立するようになってきました。この、会ったこともない人との恋愛も、ちゃんと画相が出るのです。これが画相の重宝なところです。

画相の変化は口がわかりやすい

画相の表情は、口が一番変化します。

[読者]画相って本当に変化するものなのですね。特に口がよく変化しており、一文字に結んでいた口が、への字や片方の口角が下がった形に変化しているのに気付いたことがあります。

また、昨日まで口は一文字だったのに今日は微笑している、という画相もあります。

これはあきらかに相手の念の変化なのだなあと感じます……。

［質問］□が一番目立つ画相は何を表していますか。

［答え］□が一番目立つ画相は、何かを伝えようとしているか、または、□先上手です。

［質問］画相に□がありません。

［答え］□がない場合は、心の内を告げないという意思です。

［質問］画相のなかには、手や物で顔を少し隠したものがあります。

［答え］画相の人は、あなたとの距離を取っておこうという気持ちがあります。

［質問］画相の目が赤い、または□が赤いことがあります。

［答え］赤＝怒りです。目は本心＝本気で怒っている。□は表現＝目が赤くなく□だけが赤いのは怒ってみせている、ということです。

画相と吹き出物

画相と吹き出物がセットで出ることがあります。
吹き出物＝トラブルです。
吹き出物は、ふつう当日〜四、五日前にトラブルを予告します。
画相で誰が怒るかがわかりますので、対処しやすいとも言えます。

食禄にある画相

[質問] 食禄に画相があります。食禄の意味もわかります。でも、この画相が何を示すのかわかりません。
[答え] 気色線があれば、気色線の発・着（62ページ）で、どういう関係の人に食事をさせてその先がどうなるかまでわかります。もしも気色線がなく画相だけであれば、居候に居つかれて養っている意味です。

額は未来の進路と目上

［読者］最近ハッキリと画相が見えたケースがあります。それは、あともう数年で定年退職なさる女性の中正あたりに出て、正面を向き眼鏡をかけた男性とわかりました。

そのとき僕にはネクタイまで見えた気がしたのです。そのことを伝え、困ったことがあればその上司（多分）を頼るとよいようですと言いました。きっとその眼鏡の方は、その女性を心配してくれるまじめな人だろうと思えたのでした。

目から下は目下と世間

○隣人画相の場所

下唇の少し斜め下、左右に隣人の画相が出ることがあります。隣人とは、隣家の人であったり会社で隣りの机の人だったりします。

○画相は、想念を送ってくる人の顔が出ます。
［質問］私の頬に職場の仲良しの友達の画像を見つけたことがありません。

［答え］うーん。申しにくいですが、あなたさまが仲良しと勝手に思っているだけのようです。

○画相に出る関心の大きさ
画相の大きさは、先方の当方に対する関心の大きさです。

画相が大きければ大きいほど、相手からの関心が高いということです。

［質問］母親の画相が、主人（娘婿）の頬骨の上と、私（実娘）の頬骨の上にあります。
①主人のは小豆大ですが濃い画相です。
②私のは十円玉大の画相です。私に出ている画相は大きいですが、主人のより薄いです。
共に内向きで、言いたいことがあると口が濃くなるようです。

二人に対する母の気持ちを説明してください。
[答え] ①主人のは小豆大ですが濃い画相です＝愛さねばならないという意志がある。
②私のは十円玉大の画相です。主人のより薄いです。＝理屈抜きでとても愛している。

葬式の画相

葬式の画相は額に出ることが多いのですが、世間を意味するホホに出たことがあります。

その時には、黒茶色の帯が下ホホから出て鼻に入りました。(69)

故人とは私の結婚式で会っただけですが、夫と一緒に見送りしました。

その方が亡くなることが、四日前には私の顔に出ていたわけです。

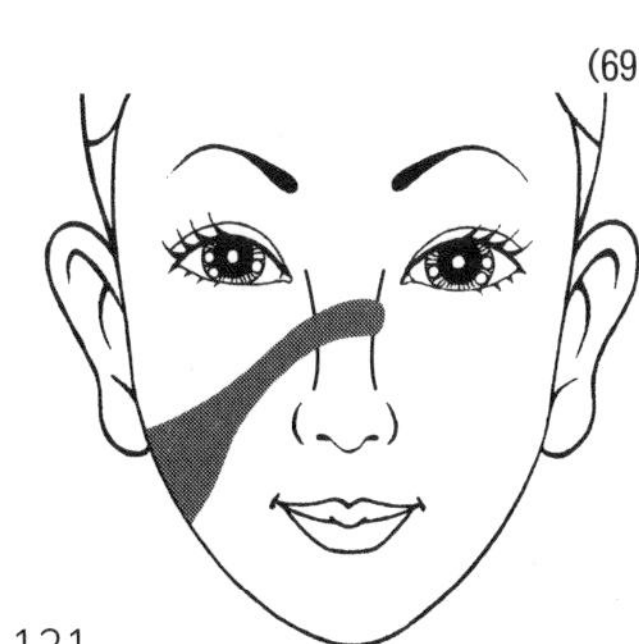

旅行に同行の画相

旅行の見方は、気色線がどこに繋がっているかで距離がわかります。(70)

楽しい旅かどうかは、気色線の到着先の色で見ます。

普通の色をしていれば、吉凶に関係のない旅です。

[実例] 私の顔に旅行線があって、線のそばに米粒大の画相がたくさんあります。

小さくても誰の顔かわかります。来年一月にオーストラリアに行くお仲間の顔です。

とりなす人の画相

[実例] 若い男性が「会社でミスしてクビになりそうだ」と相談に来ました。

見ると左眉の上に四角い顔の画相があり、気色線が眉に繋がっています。(71)

「真四角な顔の人に心当たりはありませんか」

「前の工場長です。僕を可愛がってくれました」

(70)

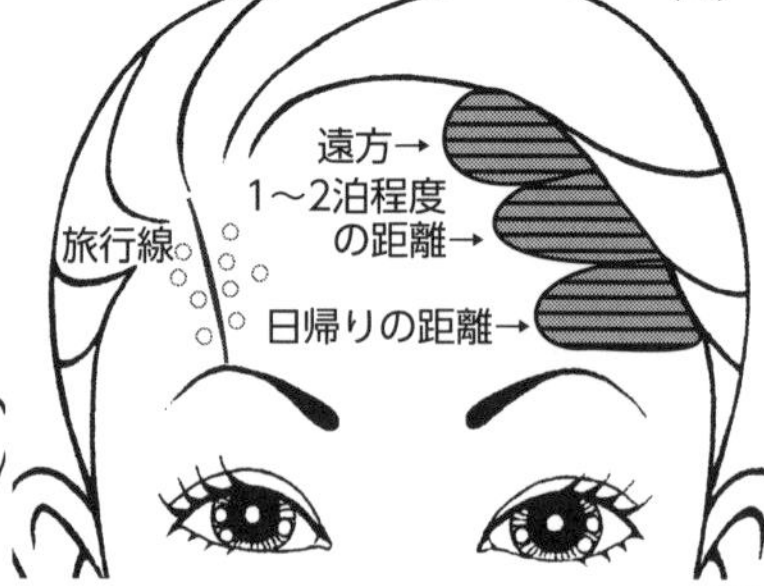

遠方→
1〜2泊程度の距離→
旅行線
日帰りの距離→

(71)

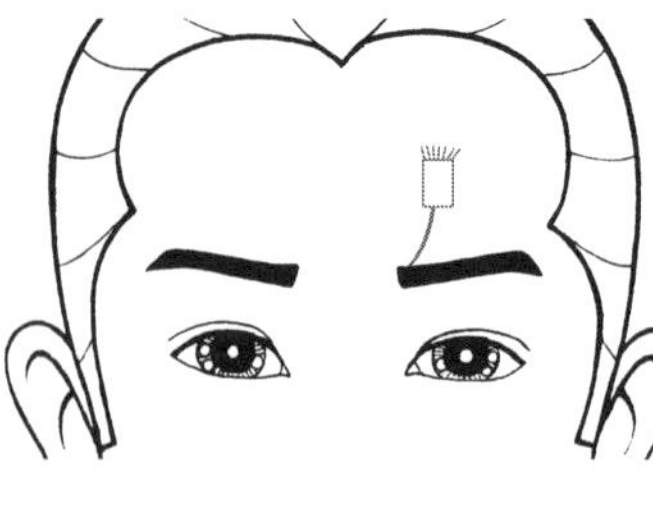

彼はこの工場長のとりなしで、クビになることはありませんでした。

恨まれているときの画相

倒産した人の額の生え際に沿って黒茶色の帯がありました。

その帯の中の司空に、横を向いて怒っている女性の画相があります。(72)

お金のことで恨まれているそうです。

つるんでいる悪人

悪人がつるんでいる場合は、並んで出ることが多いです。

図では、天庭に茶色い画相が二つあり、目もはっきりしていて正面を向いていますが、髪の生え際からコーヒー色の気色線で二人は繫がっています。(73)

後日、その二人が儲け話を持ち込んで来ました。茶色の画相は凶です。その話に乗ると大打撃を受けます。

(72)

(73)

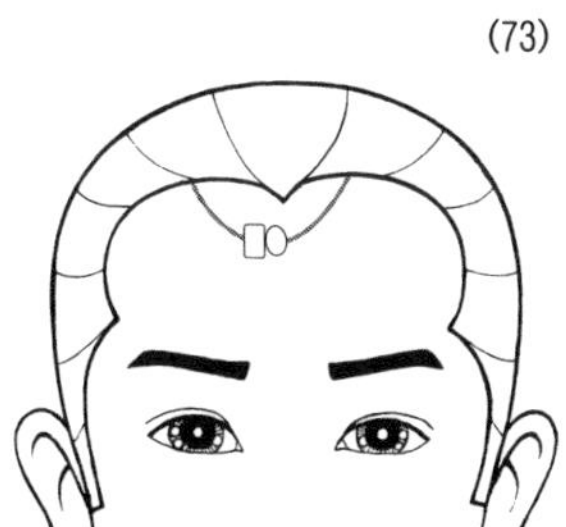

その他いろいろな画相の例

①性悪の人＝目と口が真逆に向いている
②伏し目＝申し訳ないと思っている。
③真横になっている画相＝邪魔してやると思っている。
④茶黒い画相＝内向きとか正面向きで笑っていても悪人。または善人でも悪い結果になります。

未来の画相

守護霊が見せてくれている未来の画相があります。

まったく予想したこともないのに見知らぬ誰かが数か月先なのに出ることがあります。こちらの状況も変化しませんが、実現が近づくと変化するのです。

見分けるポイントは、縦の気色線が濃くなったり表情が出てきます。

休火山のような画相

〔実例〕前著『顔占い』のときの体験です。

額に出版社の人の画相が初めて出たのが、お目にかかる二か月か三か月前でした。

この段階では画相が誰ともわからず、「画相もどき」で表情ナシです。

原稿を持って出版社へ行って「あぁ、この人だったのか」と画相が誰かわかりました。

本を出版した直後まで画相の表情はよく変わりました。こうなると「本物の画相」です。

本は何回も増刷になりましたが、増刷と増刷の間は時間が空きます。

その間も画相は出たままで、たまに表情があります。気色線もついています。

音沙汰がないので、自分では「休火山のような画相」だなぁと思います。(74)

いよいよ増刷というときは、画相が笑います。タテの気色線が濃くなります。

気色が眉間に入ると、連絡があるのです。

(74)

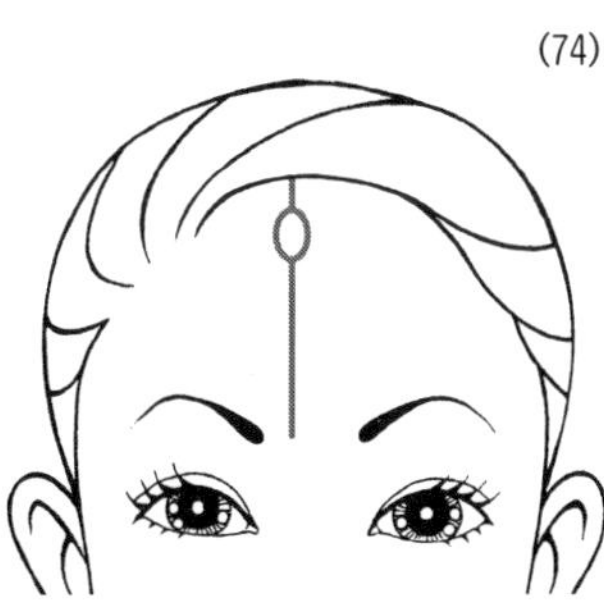

第5章　恋愛について　目尻がピンク

画相で恋人の本心がわかります。

画相の顔は本人にそっくりです。

画相の目は恋人の本心、口が意志です（計算しますから）。画相のある場所のピンク色は感情です。

口元はあなたへの気分が出ますから笑っていると嬉しいですね。

なお、この本では女性用に書いていますので、男性の場合は左右を逆に読み替えてください。

また、説明で「右・左」とあるのは「本人の右・左」です。

デート線

目尻＝恋の場所です。口角＝口約束、交渉の意味です。
相手が恋してくれていると、メール線にもなります。
相手から誘う＝気色線が目尻から口角へ、
自分から誘う＝気色線が口角から目尻へ、
きっちり目尻と口角でなくてもいいのですが、そのように推理できる弓形をしていることが大切です。(75)

線の色は、白または白っぽいです。実現すると、デート線は消えます。
画相から伸びる気色線が、先だけ紅色のものもよく見かけますが、これはこれから熱々になりますということです。

読者実例集

①おもしろいですね、デート線。

(75)

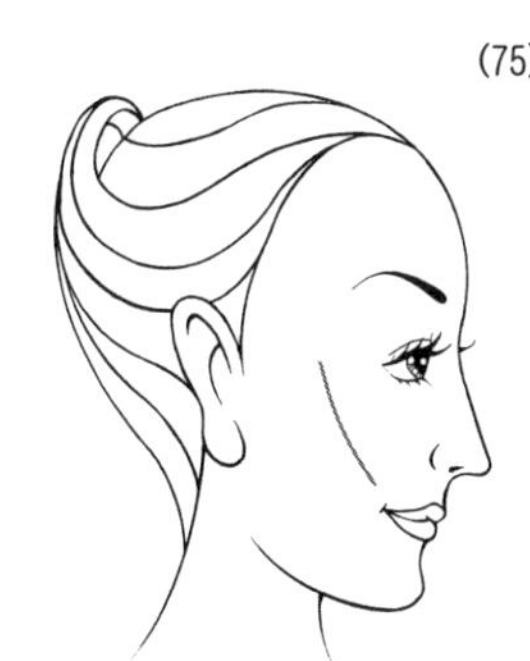

二、三日前から右こめかみの人差し指大の画相から、口角に向かって太く白い線が伸びてきます。
この線の太さや濃さといい、その人の意気込みを表しているように思います。
※女性の右こめかみ＝想われの場所。
※口角＝口約束とか交渉の意味。

②鏡を見ると、ホホにくっきりデート線が出ていました。
誘ってほしい人がいたので期待していたら、お昼ごろ、別の方からメールでお誘いがありました。

③左頬骨のくぼんだところから口端に向かっている角度で二センチくらいの白い線も見つけました。
※これは内密のデート線です（おおっぴらなデート線は目尻から堂々と口に入ります）。

④右目尻にある画相の口が開いてるように見える日があるんです。そうすると三割くらいの確率ですが、彼から連絡があるんです。それ以来、口が開くと「何か言いたいことがあるんだなー」と思うようにしています。ほんと画相って不思議ですね。

⑤［質問］右のホホの生え際から、耳の高さくらいのところに縦に白い気色線（三～四センチ）が見えます。これはどんな意味でしょうか？

［答え］耳前のもみあげに沿って（ホホの外側）目尻生え際に、縦に白い気色線があるということでしょうか。どなたかがあなたさまにお相手を紹介しようと思案していると思います。

［質問者］このお返事をいただいた数日後に、知り合いが自分の同級生を紹介しようかと連絡をくれました。

恋愛の画相はどこで見るか

絵の点線の範囲内が、恋愛画相の出る場所です。(76)
あなたを想う人がいれば、その顔があなたの右目尻に画相で出ます。
恋の画相は目の周囲に出ると決まっていて、アゴの先に出ることはありません。

恋愛の画相の見つけ方

右目尻に気色線が縦横無尽に伸びているのは画相がある証拠です。
その人がメガネをしていれば、メガネをかけている画相です。
①目となる二つの点々を見つけます。
②目がわかれば、目の上の小さいシミ（＝髪になります）を見つけたり、目と口を見つければ、顔全体が見えるのはすぐです。
③上記の次は、顔の輪郭の丸形○を探します。②と③の順番は決まっていません。

(76)

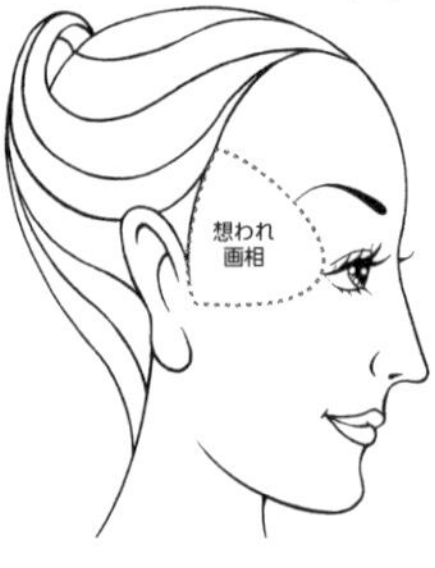

想われ画相

④髪とかアゴ、口を探します。その前の段階で既に見つかっているかもしれません。

※画相は横向きのときもあります。

恋愛の画相の大きさ

画相の大きさは、相手の関心の大きさを示します。

画相の大小と画相の表情で恋の深さを判断します。

画相の顔が大きくて、目尻を見て大笑いしていると、相手はあなたなしではいられません。

大きさの目安として、十円玉大は大きいほうです。普通は大豆を一回り大きくしたくらいです。

同じ画相が大きくなるときは、画相を形作る全体の気色線の色がきれいになる気がします。

恋愛の画相の判断ポイント

恋愛の画相を判断するときには、以下の三つのポイントで見ていきます。

①顔の向き（内側を向いていると好意あり）
②目は本心（内側を向いていると好意あり）
③口は意思（伝えたい気持ち）

※内向きというのは画相の顔があなたの鼻側を向いていることです。
外向きは画相の顔があなたの耳側を向いていることです。

それぞれの判断ポイントについての説明です。イメージしやすくするために、機械に例えてみます。

①顔の向き（内側を向いていると好意あり）
想う＝左目尻＝発信機。
自分の恋の画相が出る場所ですが、もしライバルがいれば、憎しという送念でライバル（女性）の画相も出ます。

想われる＝右目尻＝受信機。

恋してくださる人の画相の場所ですが、知らない人から恋されていても画相が出ます。

また、自分が誰かの浮気相手のとき、本妻の怒り顔を右目尻で受信します。

これは男女ともですが、命門＝耳の前で毛がない場所に画相が出るのは、親戚同然で影の愛人です。画相の見方は目尻と同じです。
②目は本心（内側を向いていると好意あり）
画相は本心の顔です。写真にも撮れます。
③口は意思（伝えたい気持や気分）
新婚さんで右目尻に夫の画相がある人が報告してくださったのですが、口元

が笑っていたりへの字だったり、日々変化して夫の気分のとおりだったそうです。

ひとこと苦情を言いたいとき、口が赤くなります。本気で怒っていると目が赤くなります。

画相で見る現在・過去・未来

第4章でも書きましたが、画相に過去・現在・未来があり、画相は目から出て、目から消えていきます。(77)

現在＝目も顔の輪郭もある

過去＝輪郭はあるのに目がない＝消える

未来＝目があるが輪郭がない＝これから

(77)

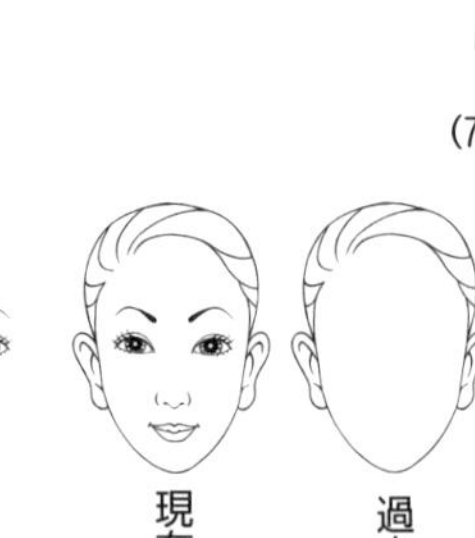

画相で見る両想い

［質問］両想いのときはどうなりますか。

［答え］　右目尻と左目尻の画相が同じ人物です。

［読者］　先日も驚いたことがありました。妹の右の想われと左の想うほうの画相が同じ顔でした。

親愛宮＝友達以上恋人未満の場所

目尻下のホホ骨の辺りを親愛宮と呼びます。(78)

初めからそこに画相が出るのは友達以上恋人未満です。

［質問］　不思議なことに口がありません。輪郭もぼんやりです。

［答え］　口がないのは何も伝えないという意思。

愛しながら別れてお詫び顔。親愛宮にいるので友人になります。

［質問者］　まさに……。全てその通りだと思いました。

恋愛の画相は移動する

恋の画相は移動します。移動は二通りあります。

①横の髪側から目尻側へ移動する恋の画相

恋の初期は横髪側＝精神的、親しくなると目尻側＝肉体的と変わります。

秘かに想う間は、髪側がピンクになります。

②上から下へ移動する恋の画相

恋の初期、奸門にあった画相は、恋が進むにつれ下へ移動する傾向があります。(79)

目尻下のホホ骨＝親愛宮（友達以上恋人未満）に画相が来ると、結婚が近づいているかも。ただし希望線がないとダメです。

親愛宮（友達以上恋人未満）の場所であれば別れるかも……ということです。

また、深い付き合いなのに眉尻に画相があるのは、ヒモ男かもしれません。

(79)

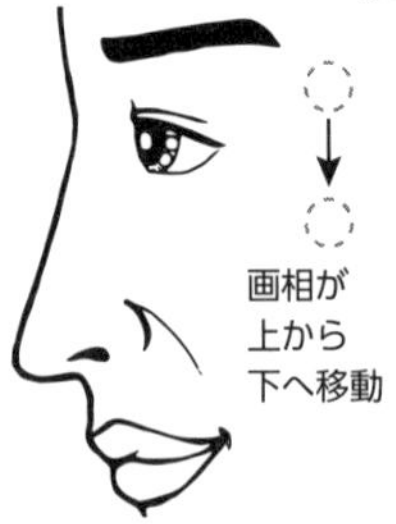

画相が
上から
下へ移動

奸門について

奸門は、眉尻と髪の間で、人差し指を横に当てたくらいの幅です。(80)

画相が大きくて、内向きを見てくれている人ほど好意的です。

大きさの目安は、米粒大〜十円玉くらいで、ふつうはこの中間くらいです。

ちなみに「奸門」と呼ばれる由来は、江戸時代、恋はご法度でしたので、邪なものという意味で奸門と呼ばれているのです。現代では恋門と改めたいものです。

［質問］出会う前は濃かった彼の画相が出会った後は薄くなりました。

［答え］相手はあなたの気持ちが分かってほっとしているのでしょう。人には恋以外にも仕事やいろんな用事がありますから、恋ばかりにのめり込んではいられません。ですから画相が薄くても目がある間は大丈夫です。画相は薄くなったり濃くなったりするものです。

また、潮の満ち引きにも影響を受けます。満ち潮のときは画相と気色線がはっ

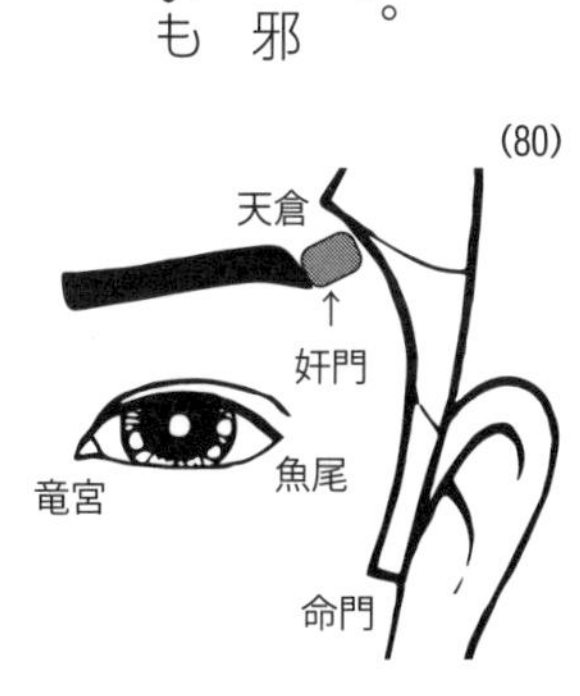

きり見えますが、引き潮の時は見えにくいのです。

[読者] 右目尻の辺りに、想い人の画相があり、目の状態に一喜一憂しています。

画相の目が濃いときは頻繁に連絡があり、薄くなっているときは放置されます。

最初はまさかと思っていましたが……画相はすごいです。

目尻の色素が抜けると

女性の右目尻いっぱいに色素が抜けた感じで白っぽくなっていました。よく見ると右目の下まつげが青黒くなっています。

妻は自分はなんとも思っていないのに、夫は妻に愛想を尽かしていたのです。実はこれは私やすこのことでした。それで、顔を合わすたびにニコッと笑うようにしましたら元通りになりました。(81)

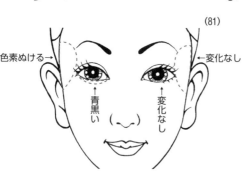

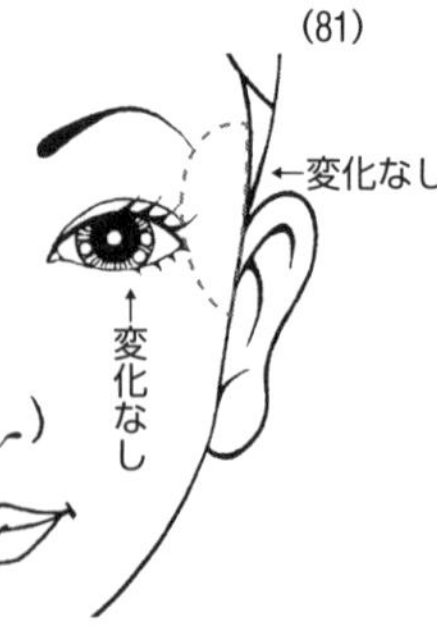

※日本の夫婦のほとんどに目尻に画相はありません。情で繋がる夫婦が多いということでしょう。目尻に画相があるとすれば、新婚さんとか喧嘩・離婚絡みなどということでしょう。

二股をかけられている

画相は一人につき一つですが、目や口の向きが少しズレた歪んだ顔だと、二股をかけられています。

彼の本心

彼の本心は、いくつかのパターンで画相に出ます。
あなたが彼に愛されているときは、①または②です。

①画相の顔があなたの内側（右目尻）を見ている。

②画相の顔が正面を向いている。

③あなたが嫌われている場合、画相の顔があなたの外側（耳側）を向いている。

[質問] 私を嫌っているのに、右側目尻に外向き画相などは出るのですか？

[答え] まだあなたに関心があるのです。関心があるから画相になります。関心がなくなると画相は消えます。

④上を向いている。

[質問] 想われの場所に、顔が上を向いています。(82)

[答え] 顔が九〇度横になっていて上を向いているのは「意地でも邪魔をしてやる」という顔です。

(82)

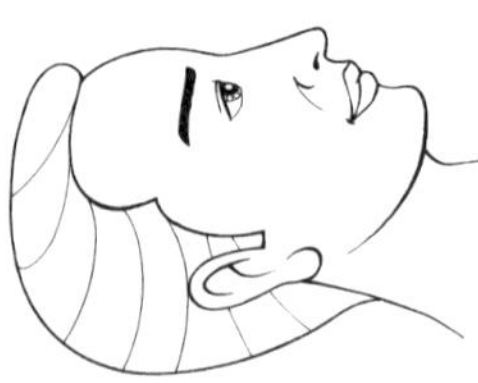

あなたに悪く執着していいます。目まで赤いと怒っていいますから、困ったことになりそうです。

⑤口元だけ濃い。

［質問］口元がいつも濃く出ているのですが、これは何か意味があるのでしょうか？

［答え］口は意志です。口元が濃いのは、実際は一〇の気持ちなのに、一五にも二〇にも膨らませて言いたいということです（甘いことも苦いことも）。逆に、燃える思いを告げないと決意した画相は、口がなかったり、口を手で隠したりしています。

⑥顔が歪んでいる。

口と心が裏腹の、タチ悪オトコの例です。(83)

あなたを愛していないのに、利用して捨てるつもりの画相は歪んだ顔です。

(83)

目（＝本心）は、外向き。髪側を向いています。

⑦茶色い画相は悪意の人です。

迷い画相

迷い画相とは、どうしようかと迷い中の画相です。(84)

画相の顔が、同一人物なのに二つあって、外向き顔と内向き顔が少し重なっています。

結果は画相の濃いほうになります。

濃くて小さい画相と、大きくて薄い画相があると、小さく濃いほうの画相に決まります。

［実例］恋の場所いっぱいに大きな画相があって、目尻を向いて大笑いしていました。

(84)

迷い中

ところが、大きな画相の中に、外向きの小さい画相がありました。この小さい画相が濃い画相です。恋を捨てるのは、どんなにか辛かっただろうと思います。

恋の迷い画相　目のできる瞬間

インターネットの掲示板に、すごい人がいます。画相は気色線が寄り集まってできます。その方は、気色線から目ができる様子を、絵に描いてくださいました。私も見るのは初めてで、興奮しています。描いてくださったのは、迷い画相の目ができる様子です。

恋の迷い画相とは、この人に決めようか止めようかと、迷っていると出ます。迷い画相は、同じ顔の画相が2つ出て、顔の一部が重なっています。決まるのは画相の大小でなく濃い画相に決まります。

以下、画相の目ができる瞬間を記録した女性の話です。(85)

①迷い画相　２つの顔の片方の目が、消えました。
画相は目から出て、目から消えていきます。
目が消えたから、もうオシマイかも……と思いました。

②２～３日後で画相が変わりました。
迷い画相の髪の毛部分が、内向き画相に向かって、私の目尻側へ広がっていき、内側に流れる紅色気色線が現れ、その２日後くらいに気色線が消えていって目が現れました。

いったん消えた片目が復活しました。

目が復活する前は外向き画像のほうが濃かったんですが、現在は同じくらいの濃さで、内向き画相のほうがやや大きいです。

(85)

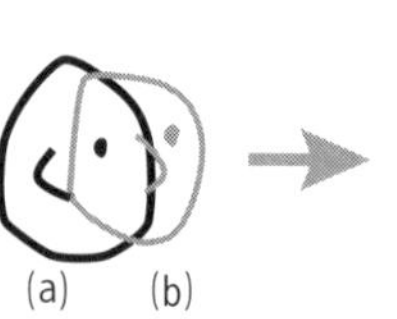

①迷い画相
(a) 内向き：右目なし
(b) 外向き：両目あり

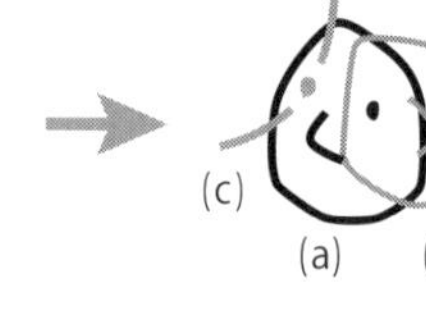

②内向き画相(a)に
内向き気色線(c)
(実際は濃いピンク)
がサッと通る

(c)
(a)　(b)

③内向き気色線(c)が
一旦途切れるような形で
内向き画相(a)の右目が現れる

「この先どうなるか」を見る簡単ポイント

恋のゆくえがこの先どうなるかは、このようなポイントでわかります。

①気色線が太くなる

[読者]画相を見つけたとき、画相の真ん中に太い気色線が通っていることが多いのですが、同じ画相が大きくなるときは、画相を形作る全体の気色線の色がきれいになる気がします。逆に、同じ画相でも、大きさが小さくなったとき、この真ん中を通る太い気色線が細くなっているような気がすることがあります。

②尻尾のある想われ画相は損得を思案中

想われ画相は、画相の頭からアゴへ、縦に気色線が下りてきていることがあります。アゴから外へ出た気色線を画相の尻尾と呼びます。尻尾は先端の向きだけ見ます。(86)

(86)

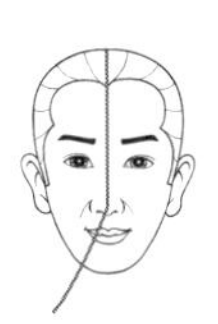

尻尾が内側へ向いていれば相手は進んできます。
外側＝耳の方へ向くと、やめる気です。
尻尾がアゴの中で止まっていると、気色線に勢いがないので想われ画相は消えやすくなります。わっと、あなたにのぼせているときは、内向き画相とか正面向き画相で、尻尾の画相は出ません。

〔説明〕尻尾の絵は損得計算中のソロバン画相です。
目と目の間にすっと太く白い気色線が入っています。

両想いは左右の目尻が同じ顔

〔読者〕先日も驚いたことがありました。妹の右の想われと左の想うほうの画相が同じ顔でした。

薄れる未練

［質問］気色が左目尻から斜め下のもみあげ辺りまで伸びているように思います。

［答え］引きずっている想いが段々消えていくときでしょうか。

［質問者］実はその通りなんです。今まさに、そんな気持ちになりつつあるのです。

三角関係・浮気

三角関係・浮気の話には、画相を見るのが便利です。

女性は（男性の場合は逆に見ます）、
自分の左目尻＝発信機、自分が恋している相手の顔が出ます。

自分の右目尻＝受信機、彼の画相があればあなたが本命Aです。

しかし受信機なので、ライバルB（女性）が邪魔する念を出しているのを受信することも多いのです。そのとき彼の画相からライバルへ気色線が伸びていることもあります。その場合は、彼の気持ちから言えば、あなたをキープしてBとも付き合いたいのでしょう。

愛人露見

①男性の右目尻＝発信機＝想いの場所から、気色線がホホ骨に連絡していま す。ホホ骨は世間を示します。社長の恋が本妻や世間に露見しています。(87)

②妻の左目尻＝発信機に、夫の愛人の画相が出ることもあります。

その場合は、夫の愛人のことが頭から離れない妻の想いです。にっくき愛人めとなれば画相は外向きでしょう。

③浮気の相手をしている女性の右目尻＝受信機に画相が出ている。

[読者] 私の右目尻に愛してくれる男性とその妻の画相があります。

眉尻に一円玉大の相手男性の内向き画相があります。

その男性の画相の視界を遮るかのようにくっつく、小さな九〇度近い上向き

(87)

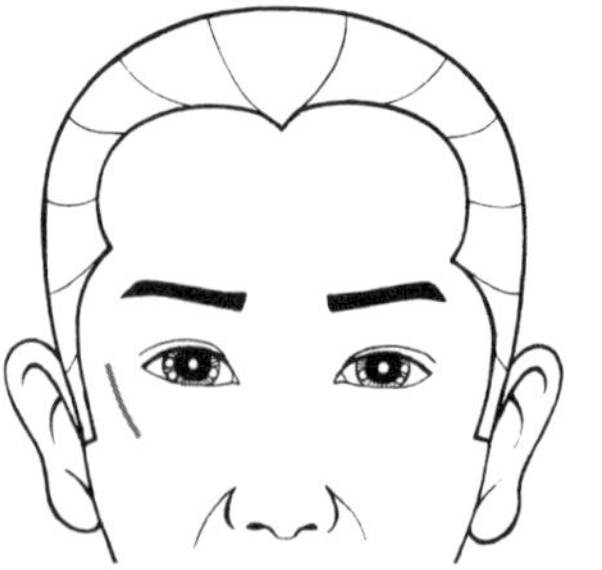

の赤い怒り顔の画相を見つけました。

（後日つづき）同じ画相について、変化がありました。受信機にある男性の輪郭から伸びる白く細い気色線ですが、変わらず私の右目尻に向かっております。

ですが、上向きから外向きになった怒り顔の女性の画相が移動してきて、男性の細い気色線が伸びるのを阻害するような位置にいるのです……。

既婚男性の内向き画相とその顔にぴったり重なるような位置で怒り顔で上向き〜斜め外向きの女性の画相が出現。彼の奥様も必死ということでしょう。奥様とは面識がありませんが、思い当たる女性といえばその方しかいません。

男女間いろいろ

①相手から離縁されるときは、髪の生え際から眉間に向け、青黒い筋が出ます。しかし、眉間に至らないと離婚手前で中止です。
離婚がうれしいときは、青黒い筋は出ません。むしろ出るのは希望線でしょ

うか。

②目尻に横の青黒線が走った場合や、目尻にくっついて縦に青黒いのも、別れのサインです。(88)
もちろん目尻あたりの色も悪くなります。色は嫌った人の側に出ます。

③恋はなくても性関係の口約束のパターン
(1)耳たぶ（性感所）と、口の端（口約束）に、気色線がつながっています。
別居している間柄のとき、この気色線が出ます。
単身赴任の夫婦とか愛人関係にあると出ます。
(2)鼻筋の真ん中＝年上寿上と目尻横を気色線が結びます。

④復活愛はめずらしい
復縁希望の気色線（既婚者）の例です。

(88)
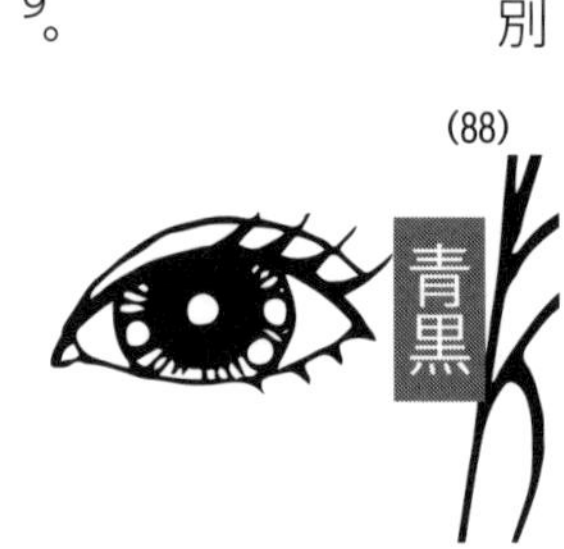

女性の場合、気色線が目尻から眉を抜けて、額の中央にあります。(89)
この気色線を見つけたら、意地を張らずに素直になりましょう。

⑤別れないでよかった！

仕事人間の夫が浮気していると思い込んで離婚しようとした主婦に、「ご主人に女性の影はありません。もうじき出世します」と言いました。

半年後、夫が重役になりました。別れないでよかった、というお礼の電話がありました。

夫の出世が妻の喜びでもあったのです。主婦の想われの場所の色が普通で、天中・天庭が美色でしたから、そのように確信できたのです。(90)

⑥タチの悪い男と関係

【質問】勤務先のおじさんと関係してしまいました。
お金を出さないとバラすぞ、と脅迫されています。

(89)

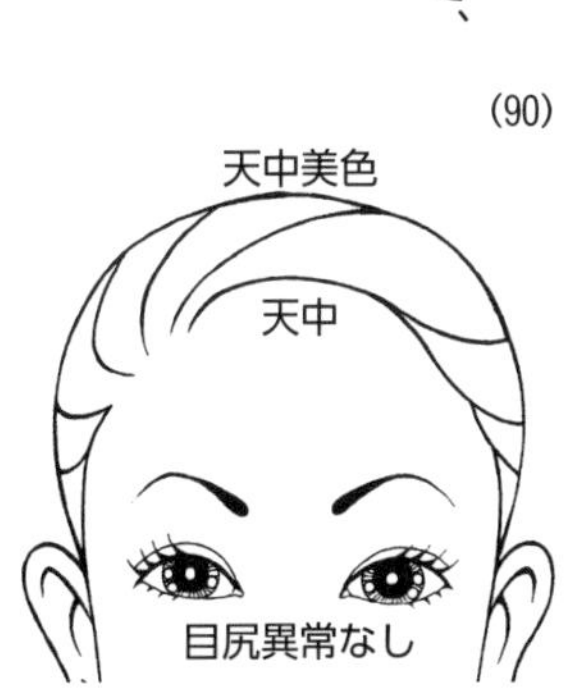

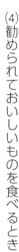

※左目尻＝自分の恋でしたが、青く浮き出たような気色線は、心痛を示しています。解決策として、お金を出してはいけない、会社では一生懸命働いている姿を見てもらいなさい、とお伝えしました。(91)

⑦今晩するよ、という気色線（今晩に限りませんが）
ホホからの気色線が法令を越えて上唇に至ります。(92)

⑴新婚さんで出張から帰って来るとき
⑵婦人科を受診
⑶体中を触られる
［読者］私事ですが整体してもらうとき裸になります。女性の先生ですが体のあちらこちらを押したり引いたりします。すると、この気色線が出ます。
⑷勧められておいしいものを食べるとき

(91)

(92)

⑧逃げた女房

きのう刑務所を出所したという男性です。(93)

彼の妻は、愛想を尽かして子供を連れて逃げていました。

これから彼は働かねばなりませんが、働く先のあてもありません。彼は更正したいと思っていました。

彼の左目尻に画相が出ています。目は左目尻を、口は髪の方を向いているゆがんだ画相です。(94)これは彼の妻で、まだ彼に未練がある顔です。

彼がまじめになれば戻ってくると私は断言しました。

就職については、左の法令の筋上に、おむすび型のハゲ頭の男性の画相がありました。

その絵を紙に描いて、「東の方角に住むこの人に心あたりはありませんか」と聞くと、「○○市の叔父です」ということで、彼は叔父さんの会社に住み込みで働きました。

こづかいはタバコ銭だけにして、叔父さんに三年間貯金してもらいました。

その後、妻子が戻ってきて、中古の家をローンで買いました。
※私の一番思い出深い顔占いです。

性についての見方

鼻の下のタテの溝（人中）は膣を示します。上唇とこの溝の接点は、女性器の入り口を示します。

鼻の先は男性器の先＆子宮の入り口を示します。

性交渉が継続してあるときは美色です。

男性で離婚話があるのに、鼻の先が美色のときは、もう次の女性がいます。

初体験

童貞・処女かは、目頭と目尻の色で見ます。(95)

そこの色がこげ茶色をしていると体験済で、左右の目に揃って出ます。

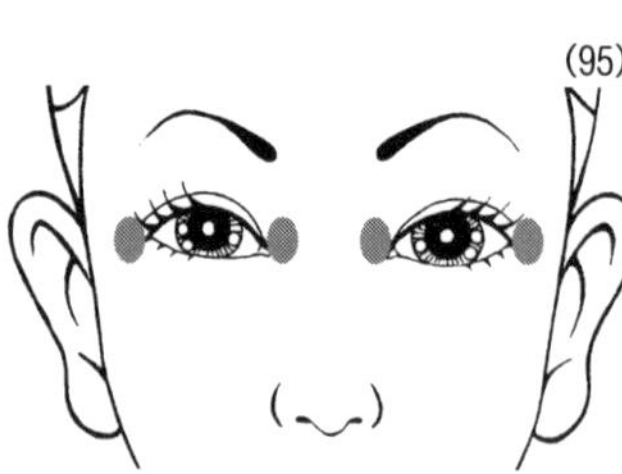

性交直後、目頭と目頭の間に白い糸のような気色線が出ます。

読者が自分の体験を知らせてくださいました。その内容は、思いがけず夫が誘ってきたので、急いで鏡を見たら、目と目の間に気色線はなかった。しかし終わってすぐ見るとちゃんと白っぽい気色線が出ていた、ということでした。

私はテレビ番組でアナウンサーの顔にその気色線を見たとき、別に気にしなかったのですが、後日、不倫で週刊誌に出ていました。

性交線は目頭と目頭の間に横向きに出る白っぽくて細い気色線です。(96)

ちなみに二回したから二本なんてことはありません。

［読者］性交直後は目頭と目尻が赤くなっていたそうです。

予想もしない肉体関係

まったく予想もしない肉体関係のことも出ます。

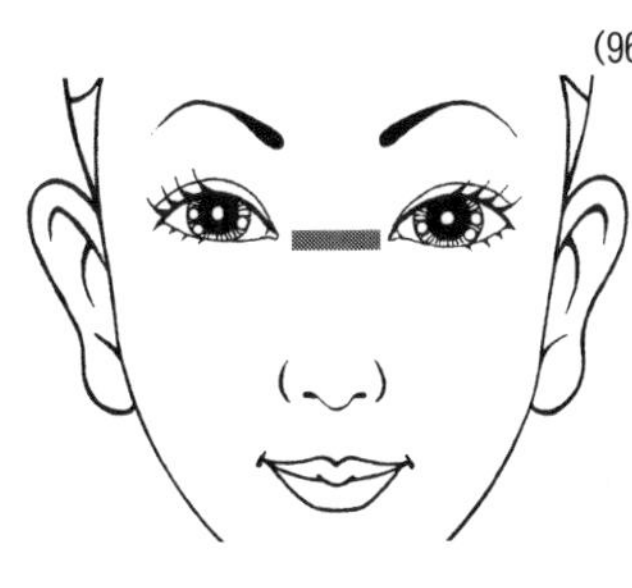

目頭（SEX）から鼻柱（自分）に気色が出ると、誰かと体の関係ができて、結婚したり、愛人になったりして、人生に大きな影響があります。この時点ではそんなこと見当もつかないし、誰かと関係するなんて予想もしていないものです。

気色の出方はいろいろですが、目頭から出て鼻筋に至るのは同じです。

この気色線は半年前くらいから出ます。

図について気色線の通路を説明します。(97)

通路を分かりやすくするために便宜上二種類の線で説明します。

⑴の線が肉体関係の気色線です。目頭寄りの鼻から出て鼻筋に至ります。この気色は半年前くらいから出ます。（目頭の範囲ですが、目頭寄りの鼻のこともあります）

肉体関係の気色線と間違えやすいのですが、⑵の線は仕事の収入です。目上がいる人の相です。仕事運順調の⑵の気色線は、鼻先へ至ります。

(97)

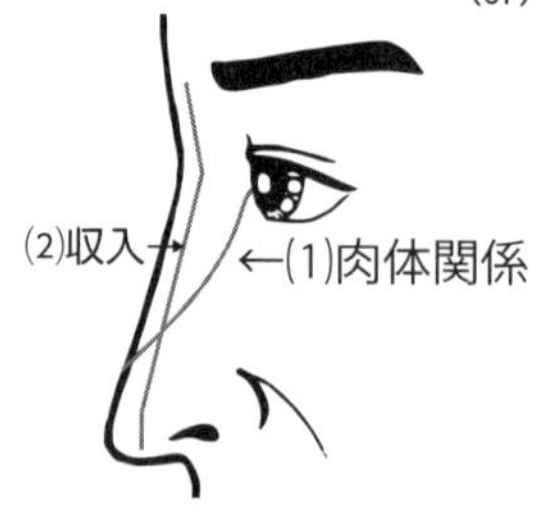

⑵収入→　←⑴肉体関係

恋人募集中

恋人募集中の人は、右目尻に明るい○がありませんか。

［読者］恋人がいない友人は、やすこ先生のホームページを見て必死に自分の顔を眺めております。

［答え］恋占いは見る場所が目の周辺だけなので画相を探しやすいです。

女性は右目尻が明るいと良い出会いが近いし、普通の肌色であれば何事も起きず、色が悪いと悪縁・ストーカーなどにご注意。

右眉尻付近を見て小豆か大豆くらいの明るい○があれば、想われ画相の可能性があります。

人相で言う恋愛の見方とは

①顔占いでは道徳・倫理や同性愛などは問いません。

②夫婦か同棲か見分けられません。

③「本妻のほうはダイヤでない指輪」と、川柳にありますが、二人の人を同時に恋することはできません。

④現代は同性愛の人がテレビで活躍していますが、体が男性であれば、男性と同じ見方です。

恋と結婚は別

額に希望線がないと結婚の願いは叶いません。

男性は、結婚というと性欲充足という期待のほうが先立つようで、希望線が出ることは少ないようです。田宅と目尻にかけて綺麗なツヤが出ます。もし結婚だけが唯一の願望であれば希望線が出ます。

恋や配偶者の箇所は、平らがいいのです。

ふくらみ過ぎたり、凹んでいると、家庭運に恵まれませんが、その分仕事などで恵まれやすいです。

同居しない職業や、めったに帰ってこない相手を選ぶといいです。


［質問］こめかみのところだけ肉が付かないような感じです。(98)

［答え］こめかみが凹んでいるのは、骨格が凹んでいるのです。左右とも凹んでいると、配偶者は放っておかれる感じです。

こめかみが凹んでいる人は、何かに打ち込むのが好きなんです。仕事をやめても、次も熱中する何かを見つけるはずです。

［質問者］すごい！　当たってます！　驚きました！

上司との恋

想われ画相は目尻に出る、と決まっていて、額やホホには出ません。

(98)

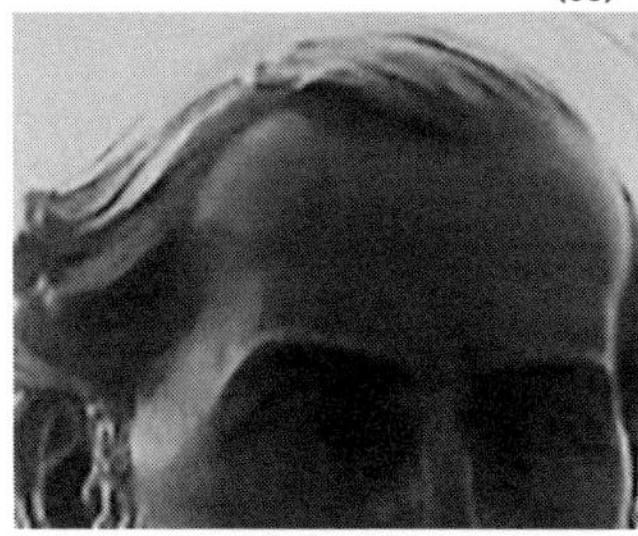

自分に恋してくれていれば彼の画相は右目尻に出ます。一人の人の画相は、一つだけです。

ご注意・恋の画相は額に出ません

世界には妻を四人持ってもいいという国があります。その国から、「彼が来日すると言うのですが」と女性が言います。その女性の額には彼の画相があり、鋭い目つきです。しかし、恋の画相は目尻に出ると決まっています。そして額に出るのは目上とか雇い主です。そこで、彼はあなたを支配して食い物にしようとしています、と忠告しました。(99)

夫の浮気を見抜くポイント

夫の浮気を見抜くポイントは、夫の右目尻が赤い鼻の先のツヤが良い、声が高くなる、とホームページで書きましたところ、読者の方が「浮気の嘘・三

(99)

ここに出たら恋ではない

大ポイント」を教えてくださいました。浮気は、「目・声・行動」でわかるそうです。

声は、男が嘘をつくとき声が大きくなる。行動とは、聞いてもいないことまでしゃべりすぎたり、妙に完璧だったり（探られないため）することと思います。

遠距離恋愛のポイント

遠距離恋愛とは相手との物理的な距離を念頭に置いた言い方ですが、距離以外については普通の恋愛の判断を適用します。

長引く遠距離恋愛を成功させる方法は、恋人から友達になる、二人の間に距離ができたことで相手や自分を見つめ直すのがよい、それでも縁があれば結ばれる、と聞いています。私もそう思います。

遠距離恋愛

〔質問〕妹に大豆ほどの大きさの画相がありました。紙に描いて教えてあげると、どうやら最近知人に紹介された男性のようです。その画相は、頭から太く白い気色が伸び、その気色は、山林のほうに向いています。他にも口などから細い気色が内向きにたくさん伸びていました。(100)

この山林のほうに伸びる太い気色線は何を表しているのでしょうか。

〔答え〕妹さんは遠距離恋愛ですか？(山林のほうに伸びる太い気色線のこと)

大豆ほどの大きさの画相は、恋の画相としては小さいですが、他にも口などから細い気色が内向きにたくさん伸びているということですから、育めばうまくいきます。

〔質問者〕先生のおっしゃるとおりです。彼はここから新幹線で二時間ほどのところに住んでいるようです。

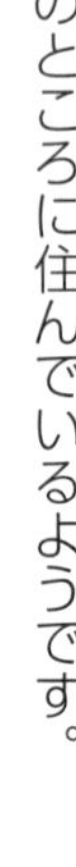

※その後、妹さんは彼と結婚なさいました。

(100)

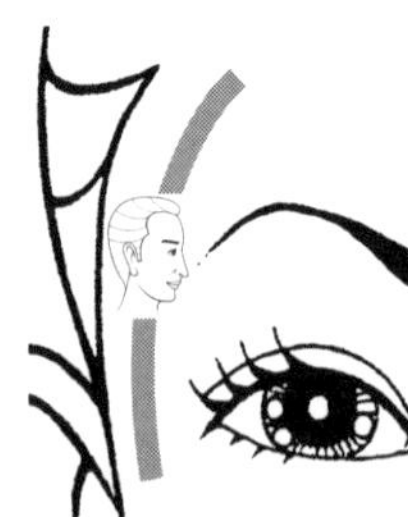

一〇〇〇年前からあって一〇〇〇年後もある人生相談

［質問］好きな人から好かれるにはどうすればいいでしょうか？

［答え］まず相手の好みを知ることです。

第6章　災い、トラブル

虐待されている子の目

この子はずーっと虐待されていました。こんなに幼くても悲しみが目に出ます。(101)

巻頭口絵のカラー写真では、目は深い青色になっています。これほど青くなくても、うっすらと青くても、毎日が悲しい……。

大人でこんな目になったら、心療内科を受診したほうがいいです。

もしも、こんな目の子を見つけたら、虐待を疑ったら、児童相談所虐待対応ダイヤル「189（いちはやく）」に通報してほしいです。

いじめられている子　後日自殺

(101)

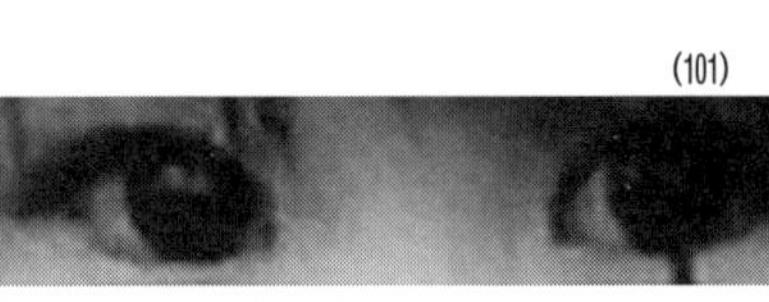

虐待死した３歳の女の子の目

→口絵 p4 参照

目の下が絵のようにこげ茶色が広がっていました。(102)
茶色の場所は、年上＝希望を見る場所。心に憂いがあれば茶色になります。
こんなにこげ茶色が広がっていれば一大事。緊急になんとかしなくてはいけません。

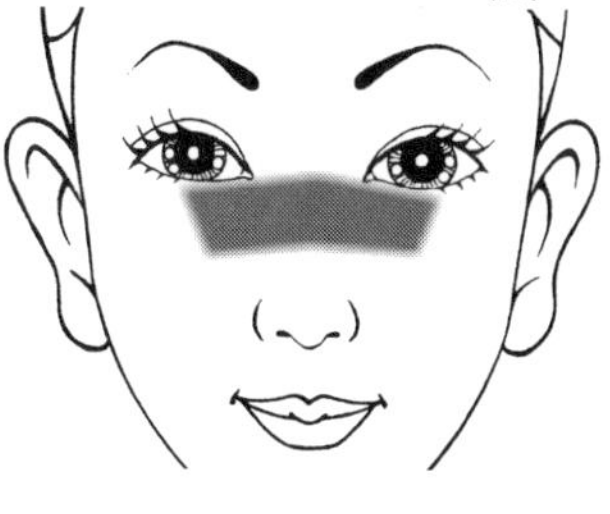

黒目の特別な意味

黒目というのは、単に自分という意味だけでなく、自分の「命」という意味があります。

気色が黒目に入ったとか、黒目から気色が発しているとか、気色が黒目を経由しているという場合、命の連鎖とか、命にかかわるという、背筋を正した受け答えになります。

後見人になって失敗

黒目に向かって赤い筋が出ていることがあります。

(102)

この赤い筋が、目頭側の白目から出ていれば、身内から、目尻側からの赤い筋ですと、世間から大きな害を受けます。

絵は人の後見人になって十億円を銀行に差し押さえられた人の目です。(103)

事件が済んだ後、赤い筋は消えました。
※盛り上がった赤い筋、赤い筋は、外側が太く黒目側が細い。

黒目に赤はトラブル

黒目に赤がかかっているとき、トラブルのサインです。

黒目＝自分、目尻側の白目＝世間の他人、目頭側の白目＝身内の人です。(104)

顔の左半分は同性、右半分は異性の意味があります。

右目の目尻側の白目が赤い場合は世間の男性の誰かとトラブルです。

この場合、赤の出発が目尻側でしたら、相手から吹っかけてきます。

黒目側ですと、自分の方から事を起こします。

女性の右目の目頭が真っ赤になったときは、夫が人身事故に遭うことがあり

(103)

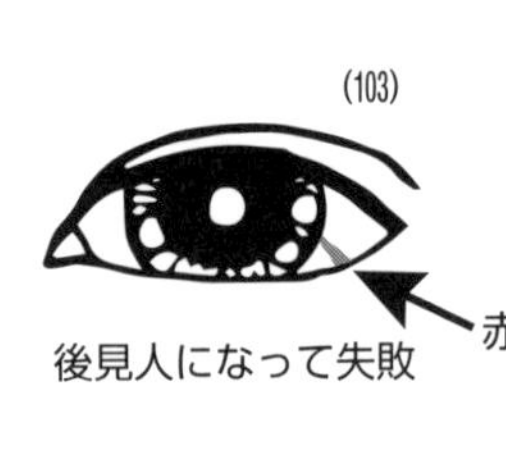

後見人になって失敗

(104)

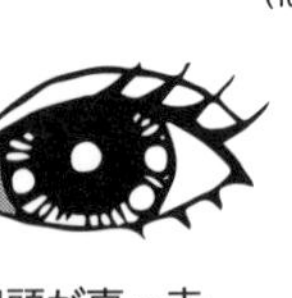

ます。

［読者］男性です。左目の外側の白目に赤みが帯びていました。目尻側から赤くなっていました。注意していたのにトラブルに巻き込まれ、大変なとばっちりを浴びてしまいました。

この件は一応落ち着きましたが、気を付けようと思っていても、どうしようもなく巻き込まれてしまうことに、なんだか怖い感じがしました。

［説明］黒目の外側の白目は一般の人です。血縁であっても付き合いのほとんどない人です。

黒目から赤が出ている例です。

有名人の男性の左目の黒目（自分）から目尻側の白眼（世間）に向け、血の色が広がっていました。裁判でこの男性（自分）が招いた喧嘩の結果ということでした。つまり、自業自得ということです。(105)

(105)

目尻に向け血の色が広がっている

前歯が折れた

前歯が折れるのは、大難が来るサインです。どんな大難かは人それぞれですが、一番多いのは金難です。家庭が壊れたかもしれません。

息がすーすー抜けるのがいけないので、大急ぎで歯医者で治してもらいましょう。

倒産直後の人は前歯が一本しかない人が多いです。

怖い血針紋

血針紋とは、カミソリで切ったような血の色が出ることです（血ではありません）。額に出やすいです。

血針紋が出ると、相手の都合で自分が切り捨てられます。備えのない人は、身の破滅につながります。

思っても見ない大難が四、五日のうちに実現し、事後は血が枯れたようになって消えていきます。赤↓紫になって消えることもあります。

鼻に血針紋はめったに出ませんが、もし出たら、事故の被害者になり大怪我をします。

図は、不時宮（髪の生え際を含む）に出た血針紋で、大口の顧客から取引停止を言われた人の額です。その後、売上が半分になってしまいました。(106)

[読者] 三週間前に、額に「血針紋」を初めて見ました。

四日後に、見事に?当たりました! 詐欺に遭い、相手に逃げられていることが分かりました。当たって二日後だったでしょうか、血針紋のすぐ上に画相が三つ出ていました。

(106)

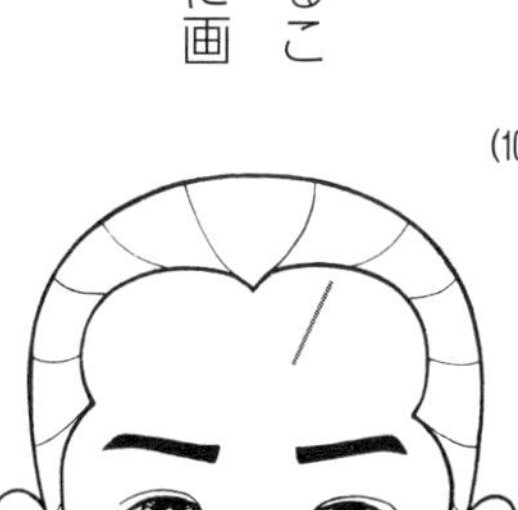

［読者］先日、彼の額に血針紋が出まして、二日後に彼の母が事故に巻き込まれ意識不明になりました。

［読者］東日本大震災の三日前に二センチほどの血針紋が、おでこに出ました。血針紋のことは、顔占いの本で知っていたので、用心してその日は東京の自宅におりました。地震後には、血針紋は綺麗にありませんでした。

目上から疑われている

額の「交渉」という場所に縦の青筋があります。取引先や目上から疑われているときに出ます。(107)

このメッセージに気づかないと、取引先や目上から切り捨てられます。

メッセージの意味を知って疑いを晴らす努力をすると、助かることもあります。

(107)

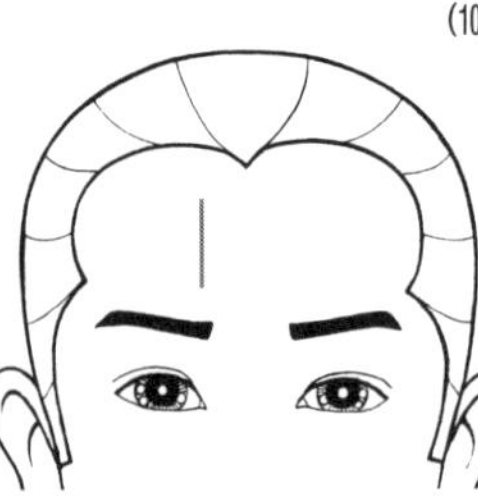

大事故の予告

額の半分、正中線の横から額の角まで生え際に沿って黒い帯が出ると、大事故に遭います。天中天庭が黒くないので不思議と命は助かります。(108)

これは実は私の体験です。大事故になり、相手の車のタイヤがハンドルを握る私の顔のすぐ前にありました。あの状態で命があったのが不思議なくらいです。

眉間に汚い色

眉間に汚い色が出たときは、用心しても良くないことが起きます。(109)

眉間に汚い薄茶色がありましたら、本日ご用心のしるしです。

小事故の予告

[質問] 今日出勤途中に砂利道の上で転んでしまい、両膝に深い擦り傷を負いました。

(108)

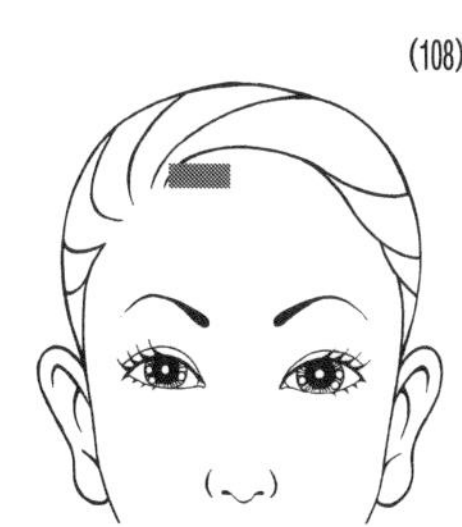

(109)

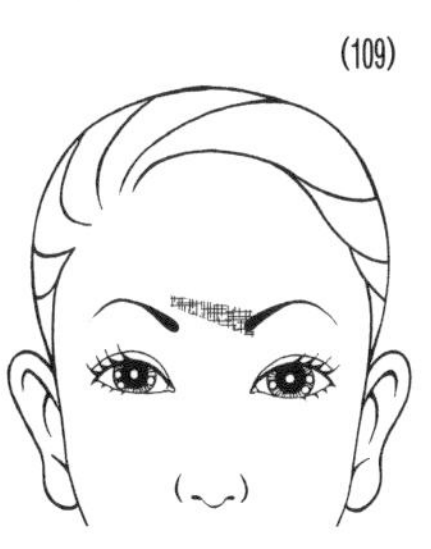

怪我の兆候が出てくる場所などあれば教えてください。

［答え］かなりのお怪我なので、眉間にすすけた色が出たり、長さ一センチくらいの茶色の気色が左眉頭から斜めに眉間に出ていたのではないかと想像します。

独り相撲のケガは「当日の不快」として眉間に出るものですが、赤点はトラブルの相手がいることが多いです。

［質問者］怪我する前日か前々日は、確かにいつもより眉間がすすけた（色が少し黒っぽくくすんでいる）感じがしていたのを覚えています。そのときは会社の鏡で見ながら「あれ？」って思うほどちょっとすすけた感じでした。

これのことだったのでしょう。

一人相撲の自分が加害者だから、左眉頭から眉間へ茶色い気色なんですね。

そういえば怪我の三日前から毎日、左耳たぶがすごく痒かったときがありました……。薬品、通院代の出費を指していたのでしょうね。

大難直撃

顔全体が青黒く淀んだような血色のときは大難直撃です。(110)
この血色は直撃の数日前に出て、直撃後数日で元の顔色に戻ります。
どのような大難かは、人それぞれです。
血色の青は哀しみの色・心痛、血色の黒は失敗を示します。

過労死自殺

額とアゴの色が濃いです。口角から下へ濃い茶色の筋がアゴを包むように出ています。アゴの輪郭がコーヒー色（死相）、ツヤがないのが特徴です。
ご冥福を祈ります。(111)

死相が出ている・大切な人の死

①ＥＵに留まる主張をしていて射殺されたイギリスの女性議員。
生前夫に抱き上げられ幸せそうなときに、生え際に黒があり、その後、黒筋

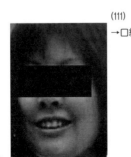

(110)

顔全体が青黒い

(111)

→口絵 p4 参照

は眉間に入り、逝去しました。(112)

②二〇一五年十一月にパリで起きたテロで、大切な人が亡くなった女性。大切な人を探しているがどこにいるか分からないと泣く女性、その生え際は薄黒く、黒い筋が眉間に入っています。黒い筋が眉間に入っているので、その大切な人は亡くなっています。(113)

③［読者］人気芸人・ドリフターズの長さんの葬儀の場面がテレビに映りました。ドリフの他のメンバーの額の天中部分の色が悪くて、暗色の垂れ幕が下がっているように思えました。

志村さんの額だけはピカピカしていました。

天中と急死

①青黒い顔の女性と私が会ったとき、彼女の天中から下へ、二センチ角の青

(112)

→口絵 p4 参照

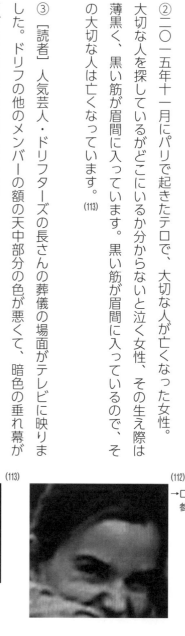

(113)

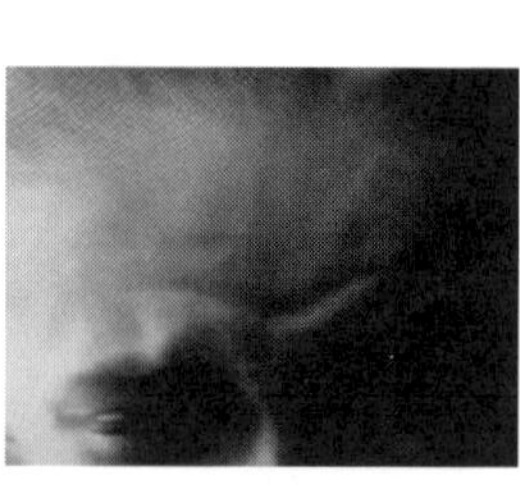

がありました。二日後、彼女の夫が急死しました。

②私の額の天中天庭に青い四角が出ました。しかし亡くなりそうな人は思い当たりません。その四日後、息子の妻の母が突然死しました。私は大泣きしました。

災害に遭う相

その地域の大勢の人たちのアゴの色が汚れたようになるとき、みんなで避難するような災難が起きます。(114) 避難して二週間もすればその相は消えますが、避難生活が解消するわけではありません。

亡くなるときは、この相＋生え際も汚くなります。

絵は東北震災直後にテレビに映った人たちの顔ですから、存命の人の相です。だいたい一週間前から出ます。

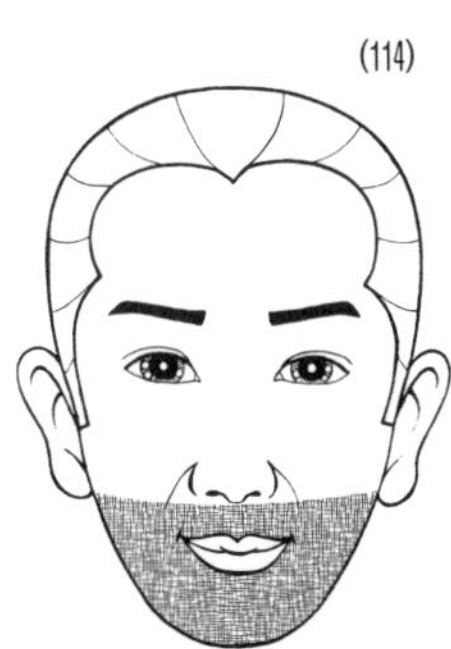
(114)

東日本大震災発生直後の顔です。風当と耳穴の間から幅一センチくらいの青黒い帯がアゴに向けて垂れていると、後に亡くなったというのを聞き嘆いています。テレビに何人も映りました。(115)

(115)

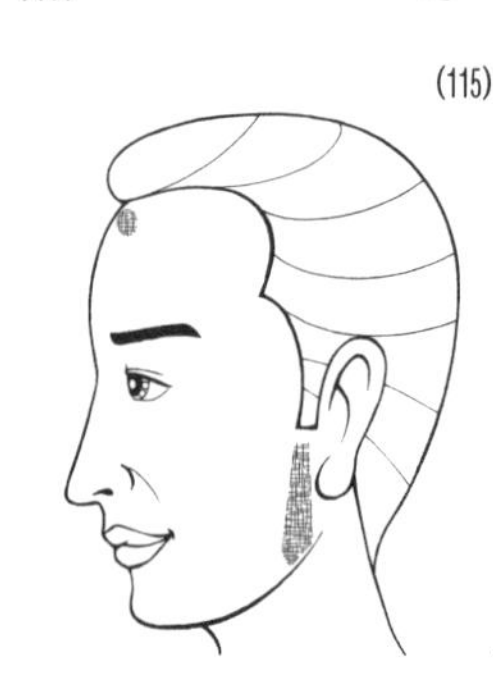

水難の相

黒い色が小鼻を取り囲み、鼻穴、食禄、口回り、アゴ、口角横のホホまで黒くなります。(116)

不幸にして亡くなるときは、水難の相＋生え際も汚くなります。

アゴが赤いのは、家が流され新しい住居に住むことになるということです。

(116)
東日本大震災発生直後、テレビに映った方々のアゴには水難の相が出ていた
→口絵 p4 参照

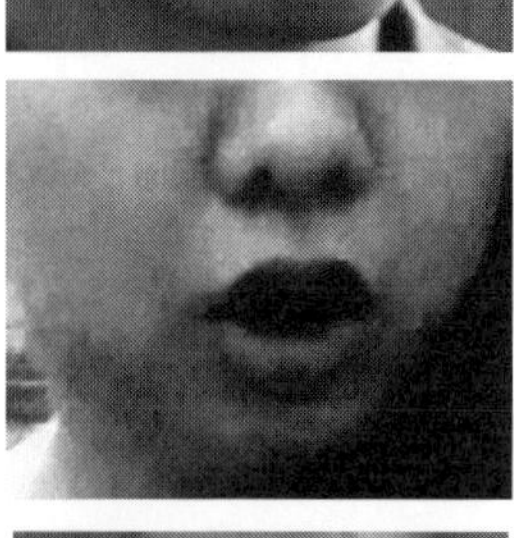

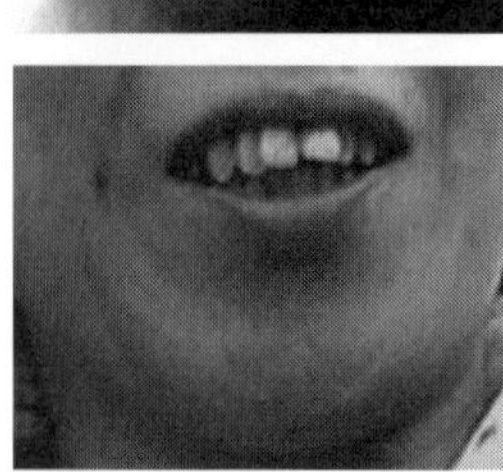

ストーカー被害

ストーカー被害に遭う相のパターンです。

①被害宮（右眉頭附近）に赤点が出ることが多いです。生え際から黒茶の気色線が眉頭へ届くこともあります。(117)
被害者は不快なので眉間も暗いです。

②右目の目尻側から黒目に向かい赤い筋が出ると命の危険。赤が黒目に至ると死ぬ思いをします。

③目の黒目は命の大事。黒目を貫く気色線が縦や横にあれば、命にかかわる危険です。②、③であれば、小手先で逃げても通用しません。私であればご先祖に加護を願いつつ警察へ行きます。

(117)

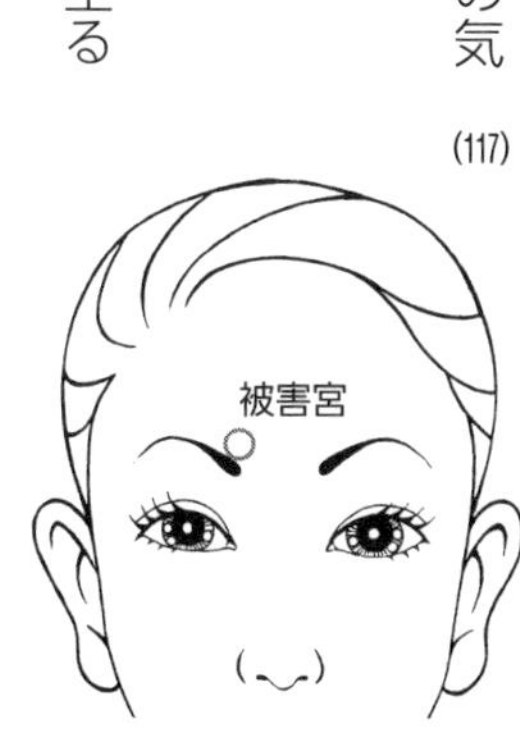

盗られると知らせる色

何かが盗られると知らせる色は薄茶色です。

知らせる場所は、メガネ支えが当たる鼻の年上という場所に注目です。

- 盗られる前＝右目頭から年上へ薄茶色い筋が出ています。(118)
- 盗られる直前＝気色線の薄茶色が茶色になる頃、盗られます。
- 盗られた後＝茶色が黒くなったり、黒ゴマを半分にしたような点々や、盗った人の画相が出たりします。

［読者］鼻の年上の位置、右目頭から鼻筋を少し過ぎた所に茶色い筋が出ていました。朝、仕事に行こうとしたら……バイクが無くなっていました。

(118)

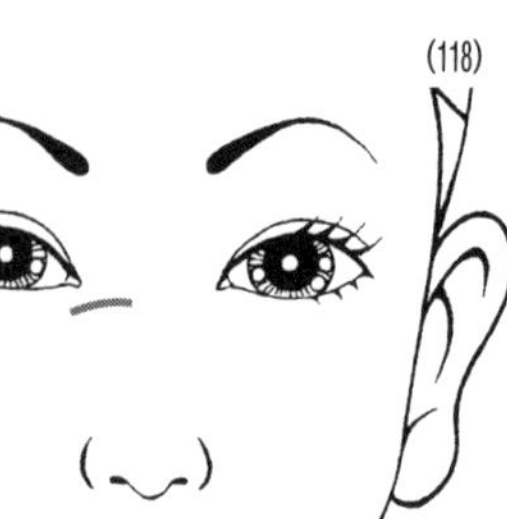

泥棒の画相①

右奥歯の前あたりの肌に泥棒の画相があった例です。(119)

私がバッグを預けた人が、お金を抜き取っていたのです。

お金を払うとき気がついて「あらっ」と言いました。

帰宅して鏡を見ると、目尻側の白目から下に線を引き口と耳たぶを結んだ線と交差する辺りに、盗った人の画相が大慌ての顔で出ています。画相は両手も伸ばして、あわわと震えています。

このとき上半身の画相を初めて見ました。画相から小鼻に向け斜めで茶色の気色線が濃くあります。この気色線は四日目から薄くなりました。

泥棒の画相②

右奥歯の前辺りのホホに泥棒六人の画相が出ました。

私のホホの色がなんとなく汚くなりました。

すると画相が六人あり、その汚くなったところから薄茶色の筋＝気色線が鼻に向けて出ます。薄茶色が茶色になりかけて鼻に届きそうになりました。

泥棒への対策を取ったので、難を逃れました。

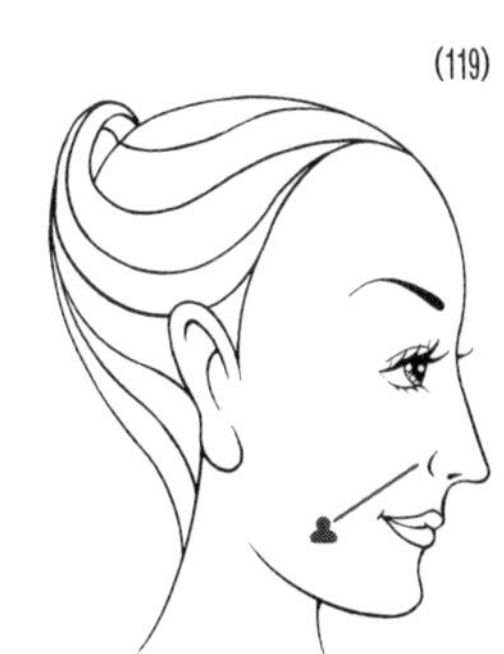
(119)

火事の相

この相が出ると、出火は一週間以内です。

それぞれ、アゴの梅干の種のような場所にも赤い色が浮いたように出ます。

①眉間が赤くなり、生え際に向け煙のような薄いねずみ色が広がっている。

↓自家から出火。(120)

②眉毛から赤黒い気配が上に向けて昇っている。↓もらい火。

出火の例です。眉間から上に向けて赤黒く火の粉がぱーっと散ったようでした。

自宅が焼ける場合は、唇下のアゴに、はっきり赤い色が浮かんだように出るそうです。

私が見た方は、店舗が出火しました。その夜に出火し、店内の三分の一の面積が焼けました。

(120)

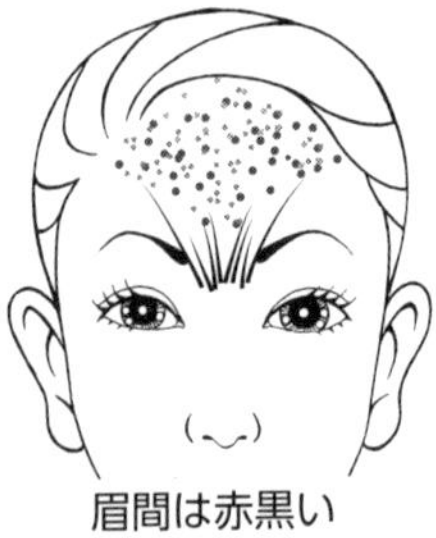

眉間は赤黒い

翌朝お見舞いに行くと、眉間の赤黒い色は消えていましたが、消えた火の粉が空に舞うのとそっくりに、顔中に黒い点々がありました。

吹き出物が火事を予告

［読者］あごに平らで血のように赤い点（ホクロ大）ができました。(121)

その一、二日後のことです。コンセントが漏電？して、使用中だったランプのプラグが焦げるということがありました。もし外出していたら火事になっていたところです。

その三、四日後には赤点は消えていました。

※この方は遊びに行く約束をしていたのに、なぜだが気が進まなくてキャンセルしたのだそうです。

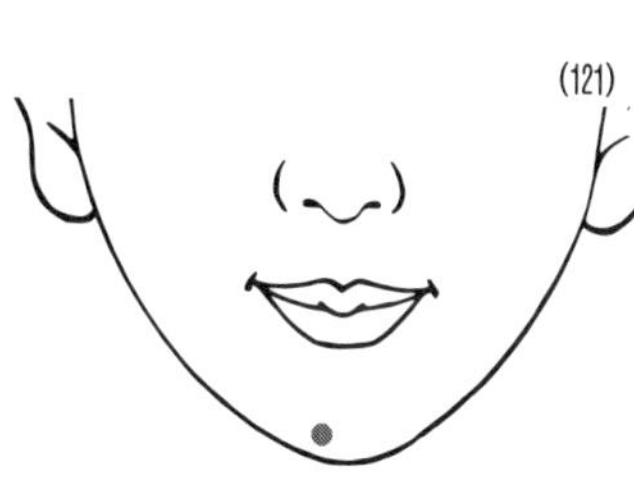

第7章　トラブルを予告する「赤点」

赤点はトラブルを予告

吹き出物や赤キズは「緊急警報」です。吹き出物は他からの災い、赤キズは自分から招く災いということが多いです。

赤点のトラブルは、四、五日以内、遅くとも一週間以内に実現します。膿みのある吹き出物は、こじれる争いの予告です。

とはいえ「では、どうするか」という事後対策しかないのですから、腹をくくって災難を待つだけです。赤点がズキズキ痛むほど災いは急に実現します。痛くも痒くもない場合は、これら赤点が消えるまで油断できません。

トラブルが実現すると赤点は消えます。

吹き出物と画相がセットで出ることも多いです。

吹き出物の位置は、目より上の場所であれば、目上のことで、眉間や額に出ると困ったことになります（負けということ）。(122)目より下の場所であれば、目下のことと見ます。目より下にできた吹き出物は、自分の方が立場が上なので、額の赤点ほどの被害はないことがほとんどです。

正中線上の吹き出物、赤キズ

額の正中線の範囲内には、進路上の場とか直属の上司の意味があります。(123)そこに吹き出物のとか赤キズができると、叱られたり願い事がダメになります。

願い事がないのに、正中線に吹き出物ができたときには、交通取り締りなどに注意です。

直属でない上司の場合は、正中線の外側に赤点が出ます。

(122)

目上
目下

(123)

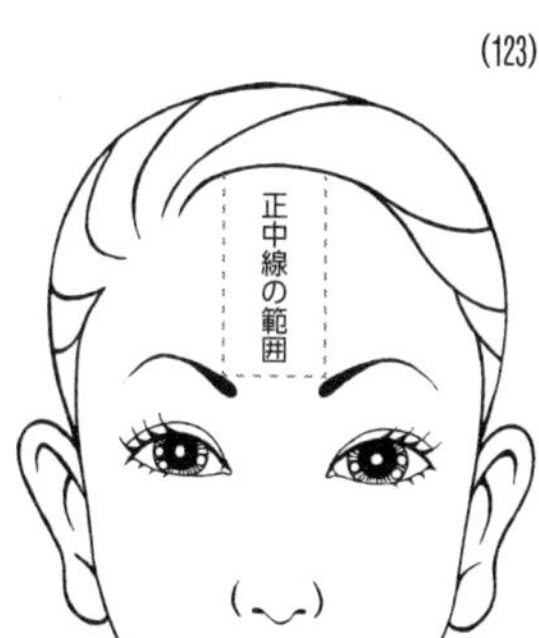

目上（または役所）からの災い

おでこにひっかいたような赤い傷ができると、役所の厳しい調査や役所の入札の失敗などがあります。

さらに、気色線が盛り上がったように見えるときは、役所は意気込んで調査に来ますので、覚悟が要ります。

※盛り上がった気色線だけのときもありますし、赤い傷だけのときも、あります。両方出る場合もあります。

額に赤点

［読者］　おとといの朝におでこに赤点があったので「今日は気をつけないと」と思い主人と作業をしていたのですが、私（読者）のかけたハシゴが滑って、主人が屋根と梯子の間に挟まって宙ぶらりんになってしまいました！　夜に鏡を見たら、おでこの赤点は消えていました。

額の角あたりは遠方でのこと

額の角あたりの場所では、旅行とか遠方の取引などを見ます。もしそこに赤点があれば用心してください。

赤点は出ても一週間もすれば消えますから、消えるのを待って動くのもいいでしょう。

眉間にニキビ

［読者］試験の願書を出した日に赤点ができました。試験に落ちるのでしょうか？（一か月後が試験日）

［答え］心配ご無用です。赤点はそのうち消えます。試験の日に出たら困りますが……。でも赤点があるときは、何事かはわかりませんがトラブルが起きます。

［読者］友人の眉間と鼻先に赤い吹き出物がありました。翌日、鼻先の吹き出物が、さらに大きく膿んでいました。

その翌日、家族でドライブに出たそうです。運転中、「もしや？」と思い速度を落とした瞬間、ネズミ捕りをしていたそうです。後日、そう話す友達の吹き出物は、綺麗サッパリ消えていました。

眉頭の赤点

自分の左の眉頭に赤点があるときは、自分が加害者になる相です。(124)右の眉頭に赤点があるときは、自分が被害者になる相です。ストーカー被害などに注意しましょう。(124)

［読者］赤点を見つけてから六日以内に、以前起こしたスリップ事故でお世話になっている保険屋さんから電話があり、相手の車の修理代の金額を教えていただきました。右眉頭下（被害）の赤い吹き出物は、まさに「弁償」の

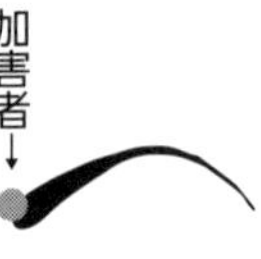

意味があったのですね。

〔質問〕今朝、右眉頭上に赤いポツンができていました。車の事故の被害者になるサイン以外に何かありますでしょうか。

〔答え〕そこの赤点は車の事故とは限りませんが、何事かの被害者になります。

眉の中にできた吹き出物

眉の中に吹き出物ができたときは、自分自身のことではないのに引き受けてしまって、ゴタゴタに巻き込まれる場合が多いような気がします。

〔質問〕右の眉の上（眉山の五ミリぐらい上）のところに、吹き出物ができてしまいました。かゆみはちょっと治まったようです。(125)

〔答え〕眉山は郵便局のような場所です。眉山には、遠方からの連絡を受け付けたり、逆に発信したりする気色が出ます。画相も出やすいです。本当に

大事なことは眉間を通ります。

目の周囲にできた吹き出物

目の周囲の吹き出物は、夫婦喧嘩です。(126)

目頭は肉体関係を見る場所です。目尻側には精神面が主に出ます。それも髪側寄りになるほど、精神的になります。(127)

眉間のことを命宮と呼びます。眉間と目頭の間は、病気のしるしが多く出ます。

目と目の間のことを、疾厄宮と呼びます。

いのちの宮と書いて命宮。病気の苦しみと書いて疾厄。どちらも健康に関係する場所です。

［読者］目と目の間、鼻の低いところにできものができました。

［答え］山根という場所でしょうか。風邪引きにご注意です。

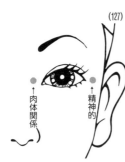

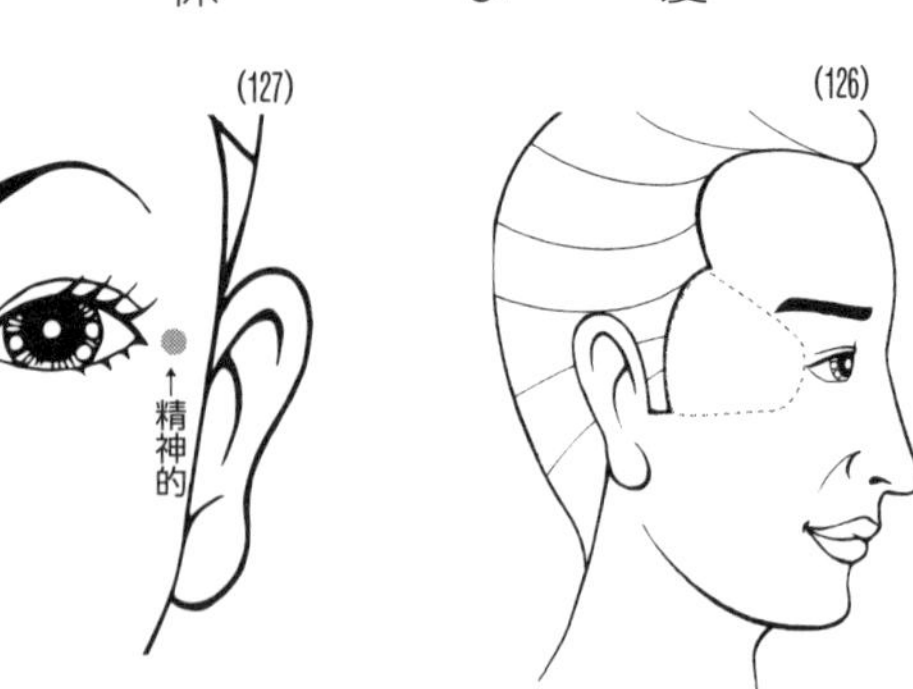

［質問者］新年早々、大風邪をひいてしまいました。

田宅や上まつげに吹き出物

［質問］左目上まぶたにものもらいができています。

［答え］同性の目上とトラブリます。心当たりはいかがですか。(128)

［質問者］それでハッキリしました。トラブルは母のインフルエンザです！兄嫁と一緒に病院へ連れて行くことになりました。今夜は兄嫁と二人で看病です。

目より下の吹き出物

目より下の場所で目下のことを見ます（目より上が目上です）。自分の方が立場が上なので、額の赤点ほどの被害はありません。

［質問］左眼の黒目の下あたりの涙堂に、赤い出来物ができたのですが、何か意味はありますか？

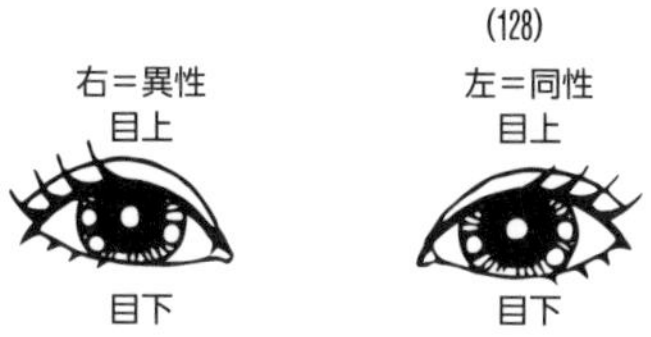

(128)
左＝同性
目上
目下

右＝異性
目上
目下

［答え］子供か同性の目下の人とトラブルというサインです。

鼻の吹き出物

鼻は財布を表しますから、鼻に赤い傷とか、吹き出物が出ると、痛い出費があります。警察が絡まない交通事故のこともあります。

［読者］先日、鼻に赤い傷？点のようなものができてしまい、案の定、エアコンが壊れ、痛い出費になりました……。前回の司空の位置の吹き出物も当たり、顔占いの的中率に驚くばかりです。(129)

［読者］彼に内緒で買い物をしても、彼の準頭に痛い吹き出物が出ます（買い物のお金は彼の稼ぎから出ている）。

［読者］彼の準頭に吹き出物ができましたその二日後に、血のおしっこが出

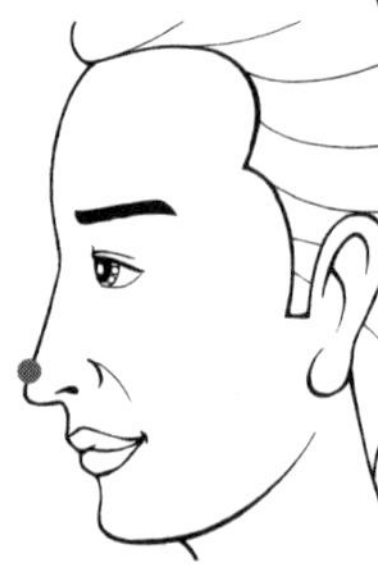
(129)

るようになりました。

鼻穴の中の吹き出物

鼻穴の中というのは「息＝いのち＝こども」と連想します。
子供ができたり、堕ろしたりとか、子供が病気したりとか、です。
普通、鼻の吹き出物はお金のトラブルが多いのですが、鼻の穴の中であれば秘密の出費があります。

交通事故・警察に絡むこと

①額は役所・目上ですから、警察等で叱られます。
②鼻に吹き出物が出たときは、警察が絡まない出費だけの事故です。吹き出物が痒いほど早く（即）実現します。

法令の赤点

赤点が、女性の右の法令にある場合、次の可能性があります。

①男性の部下とトラブル

②仕事の入金トラブル……自営の人は心づもりが要ります

③足をケガする

横ホホの赤点

ホホの横は、障壁（自分と世間の境界の場所）です。

この障壁に吹き出物ができると、逆恨みされたり、ねたみを買います。

口の周囲の吹き出物

口の周辺に吹き出物が出たら、食べることや口喧嘩など、口に関するトラブルのサインです。

［読者］先日、口の横に赤包ができておりました。「食べすぎか？」と思っていたら、知人と言い争いになりました（苦笑）。その後、それが沈静化すると、すぐ赤包も枯れていきました。

［読者］吹き出物がアゴにできました。出はじめは白かったのが、昨晩からズキズキと赤く痛みはじめたのです。なんと今日、お隣の塀に車を突っ込ませてしまいました。

アゴの赤点

アゴは隣人を表します。この場所に赤点があると、住居の問題や、隣人、職場の席が近い人にトラブルがあります。

［質問］十円玉ぐらいの、赤い丸状のしみのようなものができました。(130)

(130)

［答え］　職場何か足元の人間関係がギスギスしていませんか?
［質問］　唇のやや下、法令の先に吹き出物ができました。
［答え］　赤点の場所は奴僕を表します。右なので異性の部下の場所です。赤点はトラブル。奴僕の赤点は感情レベルの反感です。「分かっちゃいるけど虫が好かん」とゴネられたんでしょうか。
［質問者］　その通りでした。部下自身の私的トラブルでした。こちらはなぜかその後処理というか、世話を余儀なくされたという姿です。

承奨に吹き出物

中国皇帝はほとんどが殺されています。暗殺を防ぐため、毒見の場所として承奨は重要でした。

［読者］私は薬の副作用で承漿の真裏の位置に大量の口内炎ができたことがあります。やはり相関関係があるようですね。同時に大量発生しましたが、薬を飲むのをやめると治りました。(131)

額が痒い

［質問］額は朝から晩までピカピカ光っているのに、しばしば天中・天庭と印堂が、たまに遠方（未来）のところが、痒くなることがあります。

［答え］誰かがあなたに立腹しているようです。しかし相手はあなたに逆らえない立場です。なので、赤点にもならず痒いだけであなたは無事、という状態です。

あなたより相手の立場が上であれば赤点になるはずです。

私の体験ですが、その時は左不時宮が痒くてたまらないのにブツブツもなく普通の肌でした。

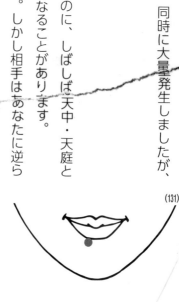

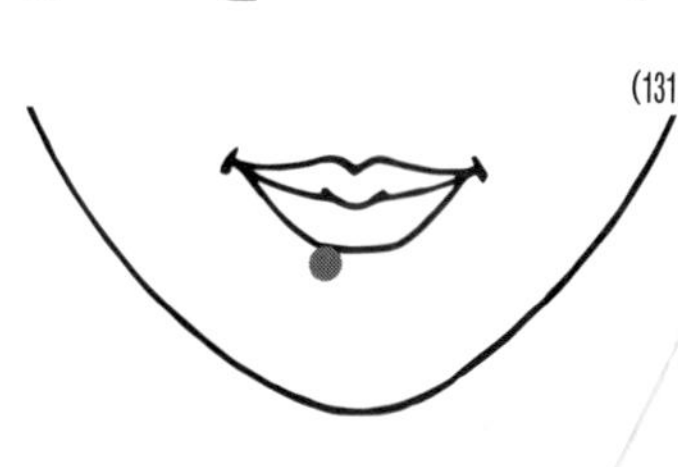

丸一日、額が痒くてたまりませんでした。

私は電話で女性に苦情を言っただけですが、苦情を言われた側は大変なてんやわんやだったらしいのです。後日、正式にお詫びされたとき、痒かったのはこのことだったかとわかりました。

無害の赤点もある

吹き出物や赤キズは、緊急警報です。それでも、後で何もなかったという例も、少しですがあるとわかりました。

白点について

赤点ではなく、白点（白いプツ）について。
痛い白点は、赤点と同じ意味です。白点でも硬い芯があると痛いものです。
白点をむしって、その跡が白っぽい赤点になると、トラブル実現です。

額に出た青あざで母の寿命を悟る

［読者］自身の三週間の出来事です。

五日　鼻の下に赤点発見（家族への出費があると予測）。

六日　母が入院しました。

七日　自身の左額が、たんこぶのように青あざになりました。妙な痛みがあります。このあざで、母の寿命を悟りました。

十四日　翌週には退院できるとの話でしたが、その日の午後、急死しました。

二十六日　七日にできた左額の青あざは消え、鼻の下の赤点は茶色くなってきました。

顔占いを知っていたお蔭で、覚悟ができて、滞りなく母を見送ることができました。

おわりに

欠陥人間でも……

一極集中で長年過ごした人は、とがった針のようで、他の人やものごとに対して無頓着だろうと思います。

私、やすこも、人相にしか関心がなかったので、欠陥人間のまま終わるでしょう。

占いが大嫌いな父親とは、三十年ちかく絶縁状態でした。

父は肝臓癌で入院して、ひと月半で亡くなりました。そのとき「ありがとう」と言ってくれましたが、ほろ苦い思い出です。

夫も息子たちも、こんな私を諦めたのか、したいようにさせてくれています。

ありがたいことです。

「自分は欠陥人間だ」という自覚が、補相になっているのだと思います。

私の人相の先生はお坊様です。その後、私は人相の画相の重宝さを皆さんに知っていただきたく、ホームページ「やすこの顔占い（人相画相）」を公開し、ブログで皆さまのお仲間に入れていただきました。

この本は今日の話題社・高橋様のご尽力で世に出ることができました。厚くお礼申し上げます。

著者

みろく様
私のお守り

やすこ
1941年、広島県生まれ。

1981年、自宅にて無料占い教室を開いた。

1991年、無料占い教室を閉室。

教室を開校した目的は、占いの知識と技を他者に継承すること。しかし、人相鑑定を希望する人ばかりで、その願いは叶わなかった。後に、後継者の育成という目的を果たすため、また、人相を知りたいという多くの方々のためにホームページを開き、さらには、本書出版へと至る。

やすこの顔占い・人相教室
望みが叶うとき希望線が出る　画相で恋人の本心がわかる

2021年11月18日　初版第1刷発行

著　者　やすこ

発行者　高橋秀和
発行所　今日の話題社（こんにち わだいしゃ）
東京都品川区平塚2-1-16 KKビル5F
TEL 03-3782-5231　FAX 03-3785-0882

印　刷　平文社
製　本　難波製本

ISBN978-4-87565-659-3　C0076